최고의 석학들은
어떤 질문을 할까?

스스로 새로운 생각을 이끌어내는 90가지 물음

미하이 칙센트미하이·필립 코틀러·귄터 슈미트 등저 | 허병민 엮음

웅진 지식하우스

가장 중요한 것은 질문을 멈추지 않는 것이다.
호기심은 그 자체만으로도 존재 이유가 있다.
영원성, 생명, 현실의 놀라운 구조를 숙고하는 사람은 경외감을 느끼게 된다.
매일 이러한 비밀의 실타래를 한 가닥씩 푸는 것으로 족하다.
신성한 호기심을 절대 잃지 마라.

앨버트 아인슈타인

"자신의 삶에 가장 큰 영향을 주었던 질문은 무엇입니까?"

Mihaly Csikszentmihalyi, Philip George Zimbardo, Saul Levmore, Philip Kotler, Peter Bregman, Sheena Iyengar
Robert Root-Bernstein, Laurence Steinberg, Stewart D. Friedman, Günther Schmid, Chris Guillebeau, Joe Navarro
Elizabeth Dunn, Marvin Cohen, Harvey Whitehouse, Temple Grandin, Tom Hulme, George Church, Derek Sivers
Mitch Joel, Stefan Sagmeister, James Croak, Art Markman, Oliver Burkeman, Ian Robertson, Liz Wiseman
Eduardo Salcedo-Albaran, Andrea Kuszewski, Danah Boyd, Yoky Matsuoka, Linda Hill, Judith Rich Harris, Pico Iyer
Hermann Simon, Henry Petroski, Alexander Osterwalder, Peter Arvai, James Flynn, Bruce Hood, Stuart Firestein
Edward Glaeser, Gary Cox, Mario Livio, Chris Brogan, William Paul Young, Mark Goulston, Leroy Chiao, Brian Tracy
Martin Roll, Simon Critchley, Rory Sutherland, Sam Gosling, Geoff Colvin, William Duggan, John Farndon
Michelle Rhee, Josh Linkner, Charlene Li, John Maeda, Henry Mintzberg, Keith Reinhard, Catherine Mohr
Michael Bungay Stanier, Kevin Keller, John Mather, Jim Kouzes, Michael Fossel, Lee Cockerell, Michael Michalko
Roger Schank, Stephen Kosslyn, Robin Rosenberg, Steve Fuller, Steven Hayes, Anand Mahindra
Manfred F.R. Kets de Vries, Barbara Kellerman, David Katz, Gary Klein, Russell Berman, Shai Reshef, Randolph Nesse
Paul Zak, Ramez Naam, David Allen, Katherine Freese, Alfred Mele, Daniel Will-Harris, Vikas Swarup
John Allen Paulos, Thomas Metzinger, Alessandro Mendini

이 지적인 작업에 동참해준 90명의 석학들에게 감사의 말씀을 드립니다.

단 하나의 질문이 당신의 인생을
바꿔놓을 수도 있다

의문을

갖는다는 것　　　2014년 1월 8일, 저는 서울 사당역 1번 출구 앞 한 떡볶이 포장마차에 들렀습니다. 분식, 특히 떡볶이에 관해서라면 최고 미식가인 친구가 추천한 곳입니다. '서울에서 가장 맛있는 떡볶이'라는데 안 가볼 수가 있나요. 바로 메모했다가 다음 날 저녁에 찾아갔습니다. 이곳에 들어서자마자 저는 어떤 한 분께 무릎 꿇고 절을 올릴 뻔했습니다. 머리에 번개를 맞은 것 같은 경험이었습니다. 포장마차 안으로 들어서니 왼쪽에 한 할아버지가 떡볶이 담당이신지 떡을 찾고 계셨고, 오른쪽에서 한 아저씨가 닭꼬치를 냅킨으로 말 준비를 하고 있었습니다. 저는 그 아저씨를 본 순간 숨이 멎을 뻔했습니다. 대체 뭘 봤기에 그랬을까요.

제가 본 것은 다름 아닌 그분의 '두 눈'입니다. 정확히 말하면 그분이 닭꼬치를 바라보는 강렬한 '눈빛'을 보았습니다. 이런 느낌이었다고 할까요? 아기 엄마가 자신의 아기를 안고 모유를 먹이는 모습을 떠올려보세요. 엄마들은 보통 어떤 자세로 아기를 안고 있나요. 또 어떤 눈빛으로 아기를 바라보나요. 세상에서 가장 따뜻하면서 세심한 정성이 깃든 자세와 눈빛일 겁니다. 제가 그분을 보고 놀란 이유는, 닭꼬치를 돌릴 때 그의 눈빛에서 엄마가 아기를 바라볼 때와 같은 애정을 느꼈기 때문입니다. '이 아이는 잘 데워지고 있나' '저 아이, 혹시 타고 있는 건 아닐까' '얘는 소스가 잘 발라져 있나' '어느 정도로 발라주는 게 적당할까' 지나치다 싶을 정도로 눈에 불을 켜고, 신중하게 꼬치를 돌리고 계시더군요.

닭꼬치 하나가 얼마 정도 할까요? 대략 1,000원에서 2,000원 정도 합니다. 1,000원짜리 닭꼬치를 그토록 세심한 눈빛으로 돌리고 있는 모습을 보면서, 그에게는 꼬치 하나가 1,000원이 아니라 1,000억의 가치를 갖고 있을지 모르겠다는 생각이 들었습니다. 그런 생각을 하니 문득 과거에 직장에서 일하던 제 모습이 겹쳤습니다. 그때 나는 과연 어떤 눈빛으로 동료를, 클라이언트를, 내 일을 바라보았던 걸까. 또 직장에서 나온 후 지금은 작가로서 생활하면서 독자 한 사람 한 사람을, 문장 하나하나를 어떤 눈빛으로 대하고 있는 걸까. 나는 내가 하고 있는 일을 진심으로 가슴 떨릴 만큼 사랑하고 있나. 이런 생각들이

제 머릿속을 헤집고 지나갔습니다.

여러분은 어떤가요. 주변 사람들을, 하고 있는 일을 어떤 눈빛으로 바라보고 있는지요. 쉽게 말하자면 이런 겁니다. 여러분은 아침에 일어나 일터로, 학교로 갈 준비를 하면서 설렘 가득한 가슴 떨림을 느끼나요? 빨리 출근하고, 등교하고 싶어 몸이 근질거리나요? 세수고 식사고 다 필요 없이 빨리 자리에 앉아 일거리에, 공부거리에 파묻히고 싶은가요? 가슴에 손을 얹고, 스스로에게 한번 질문을 던져봅시다.

의문이 없는 곳에는

문제도 없다   우리는 매일 앞에 놓인 여러 가지 문제들과 부딪히면서 그동안 쌓아온 자기만의 내공과 노하우로 그 문제들을 열심히 해결합니다. 비록 오래 산 건 아닙니다만 제 삶을 돌이켜보면, 문제를 해결하는 그 자체가 중요한 것은 아니었다는 생각이 듭니다. 가장 중요한 건 문제 해결이 아니라, 그 문제에 대해 '의문'을 갖고 있느냐 같습니다. 또한 의문을 갖고 있다면 그것이 어떤 의문인지, 내가 그 의문을 어떻게 바라보고 있는지가 결국 관건인 듯합니다.

그 의문은 이런 것입니다. 왜 이 일을 하고 있는 거지? 이 일을 하지 않으면 안 되는 이유가 있나? 내가 아닌 다른 사람이 한다면 혹 결과가 달라질까? 왜 달라질까, 어떻게 달라질까? 좋은 결과를 얻기 위해서 내가 할 수 있고, 또 해야 하는 일이 뭘까? 우리가 문제를 푸는 과정에서 이러한 의문을 느끼지 않는다면, 설사 문제를 푼다 한들 그 문제가 해결되었다고 할 수 있을까요.

질문 안에 인생이 있다

"당신의 실수는 답을 못 찾은 게 아냐! 자꾸 틀린 질문만 하니까 맞는 대답이 나올 리가 없잖아. '왜 이우진은 오대수를 가두었을까?'가 아니라 '왜 풀어주었을까?'란 말이야! 왜 이우진은 오대수를 딱 15년 만에 풀어주었을까?" 영화 〈올드 보이〉 중에서

이 말은 영화 〈올드 보이〉에서 이우진(유지태 분)이 오대수(최민식 분)에게 했던 말입니다. 이 대사처럼 하루하루 인생을 좀 더 가치 있고 의미 있게 만들기 위해 우리는 스스로에게 어떠한 질문들을 던지고 있나요? 자신에게 '제대로 된' 질문들을 던지고 있나요? 혹 여러분은 자신의 오늘과 1년 전의 오늘, 혹은 5년 전, 10년 전의 오늘이 다르다고 느끼시나요? 다르다면 좋은 쪽으로 달라졌나요, 안 좋은 쪽으로 달라졌나요? 달라진 게 없다면, 그 이유는 무엇인가요? 자신을 업그레이드하기 위해 스스로에게 던져야 하는 소위 '맞는' 질문들이란 무엇일까요?

이 책은 '살아가는 동안 스스로에게 꼭 던져야 하는 질문이 무엇일까'라는 의문에서 시작되었습니다. 그리고 다른 이들에게 영감을 주는 사람들, 미지의 세계에서 자기만의 세계를 구축한 사람들은 과연 어떤

질문들을 가지고 있을까라는 궁금증이 더해졌습니다. 그래서 전 세계 다양한 분야에서 세계적인 업적을 쌓은 석학 및 구루들에게 다음과 같이 물었습니다. "사람들의 인생을 변화시키거나 업그레이드시킬 수 있는, 자신의 삶에 영향을 미칠 수 있는 질문을 하나만 던진다면, 당신은 어떤 질문을 하겠습니까?"

그리고 여기에 몇 가지 단서를 달았습니다. 첫째, 가급적 정치, 경제, 사회, 문화와 같이 거시적인 측면의 소재들은 다루지 말 것. 둘째, 본인이 자신의 생활에서 실제로 접하고 있는 것을 다룰 것. 셋째, 질문은 가급적 구체적일 것. 넷째, 예·아니요 식의 대답이 나오는 질문은 피할 것. 다섯째, 질문과 관련된 본인의 경험담이나 일화 등을 소개할 것.

일반인들이 쉽게 만날 수 없는 정신없이 바쁜 분들임에도 불구하고 놀랍게도 수많은 이들이 이 프로젝트에 흔쾌히, 또 기꺼이 동참해주었습니다. 개인적으로는 너무나 벅찬 경험이었지요. 약 한 달 반 만에 이 프로젝트를 마무리할 정도로 다들 열정적으로 참여해주었으니까요. 이 책은 그렇게 모인 90여 명의 답변을 담은 책입니다.

인생에 대한

예의 어린 시절, 유치원생이었을 때로 잠깐 돌아가볼까요. 선생님이 무언가에 대해 이야기를 하는데 잘 이해되지 않을 때가 있습니다. 그때 선생님 앞에서 어떤 행동을 취했나요. 아마 주변을 의식하지 않고 손을 들었겠지요. 물음표를 거침없이 날렸을 겁니다. 지금은 어떤가요. 흥미롭게도 사회화가 진행될수록 우리는 점점 더 질문을 던지는 능력을 상실해가고 있습니다. 유치원생 때부터 지금까지, 나이를 먹어가면서 자신이 물음표를 얼마나 많이 던져왔는지 한번 생각해보세요. 혹시 모르는 게 있어도 그냥 모른 채 넘어가는 행동이 습관이 되지 않았던가요?

이 책에 담긴 총 90개의 질문들이 실제로 여러분의 인생에 어떠한 영향을 미칠지 저는 정확하게 알 수 없습니다. 인생이란 건 단 몇 개의 질문들로 바뀔 수 있을 만큼 간단한 것이 아니니까요. 허나 이 질문들 중 단 하나의 것이라도 내 삶을 어떻게 대해야 하는지, 어떻게 대하는 것이 스스로에게 도움이 될지에 대한 힌트가 될 수 있다면 그것으로 충분히 역할을 했다고 믿습니다.

자, 그럼 아무것도 몰랐던 그 옛날 유치원생 때로 다시 돌아가볼까요. 머리를 깔끔히 비우고 '나는 아는 것이 없다'는 마음으로 편하게, 스스로에게 질문을 던지는 시간을 가져보는 겁니다. 제가 닭꼬치 장사의 눈빛을 보면서 느꼈던 그날처럼, 진심으로 바라건대 이 시간이 행복한 설렘으로 기억되면 좋겠습니다.

2014년 7월

Talent Lab 서재에서, 허병민

차례

일러두기

1. 이 책에 등장하는 지명, 인명의 외래어 표기는 국립국어원 표기법을 따랐다. 단, 국내에 다양한 저작물 등으로 소개된 경우 이미 잘 알려진 표기 방식을 따랐다.

2. 단행본은 《 》, 잡지·신문·텔레비전 프로그램 등은 〈 〉로 묶었다. 국내에 출간된 저작물의 경우 한국어판 제목을 썼으며, 국내 미출간작의 경우 원제를 병기했다.

01

지금 왜 이걸 하고 있지?

하루에 두세 번, 아무 때나 휴대전화의 알람을 설정해라. 알람이 울리면 공책을 꺼내 다음 질문에 대한 답을 적어라.

내가 지금 이 일을 하는 이유는 무엇인가?

(즉, 무엇이든 간에 알람이 울릴 때 하던 일을 하고 있는 이유가 무엇인가?)

한 주를 마치며 공책에 적은 대답을 다시 살펴보자. 그리고 이번에는 자신에게 이렇게 물어본다.

지난 한 주 동안 한 일 중 진심으로 즐겁게 한 것은 몇 가지나 되는가?

내가 좋아하지 않는 일을 그토록 많이 하는 이유는 무엇일까?

어떻게 하면 즐기며 하는 일을 늘릴 수 있을까? 그리고 억지로 하는 일을 줄일 수 있을까?

스스로에게 솔직해야 한다. 그리고 이 질문에 진지하게 답해보자. 그 순간부터 당신의 삶은 훨씬 달라질 것이다. ▪

Why am I doing this?

나는 왜 지금 이걸 하고 있지?

미하이 칙센트미하이

베스트셀러 《몰입》의 저자로 '긍정 심리학'을 이끌어온 세계적 석학이다. 그의
몰입 FLOW 이론은 한국뿐만 아니라 핀란드, 덴마크, 일본 등 탁월한 교육 시스템
으로 잘 알려진 국가에서도 적극 수용되고 있다. 그는 인간의 행복이란 자아 성
취에서 나오는 것이며, 창의력 역시 자발적 노력으로 만들어진다고 강조한다.
클레어몬트대학교 피터 드러커 경영대학원 심리학 교수이자 '삶의 질 연구소'
소장을 역임하고 있다. 저서로 《몰입》, 《몰입의 즐거움》, 《몰입의 경영》, 《창의성
의 즐거움》 등이 있다.

02

급한 상황에서
영웅적인 행동을 할 수 있을까

자신이 영웅이 될 만한 잠재력을 가지고 있다고 생각해본 적이 있는가? 긴박한 상황에 직면하면 나는 영웅적인 행동을 할 수 있을까?

영웅을 특별한 사람이라 생각하지 마라. 영웅은 특별한 사람이 아니라 도움이 필요한 타인을 위해 일하거나, 도덕적인 이유를 바탕에 두고 행동하는 일상적인 사람들이다. 그들은 이러한 행동이 잠재적 위험이나 비용 부담을 안고 있다는 사실을 알고 있다.

인간이라면 누구나 영웅이 되어야 한다. 나는 사람들이 이미 많은 훈련을 통해서 일상의 영웅이 되기 위한 가장 중요한 방법을 배우고 있다고 믿는다. 타인을 위한 작은 친절과 일상의 선행을 베풀면서 영웅이 되기 위한 연습을 하는 것이다. 영웅은 자기가 아니라 사회 중심적인 사람이기 때문이다.

매일 다른 사람을 칭찬해보자. 상대가 스스로를 특별하다고 느낄 수 있도록 상황에 맞는 칭찬을 베풀어보는 것이다. 이렇게 간단한 일을 하는 데 머뭇거리게 만드는 장애물은 무엇인가? 쑥스러운가? 당혹감을 느끼는가? 그렇다면 이런 부정적인 장애물을 압도할 수 있는 긍정적인 결과는 무엇인가?

이러한 과정을 통해 당신은 다른 사람에 대한 긍정적인 감정을 표현할 수 있게 된다. 이는 당신 자신보다는 타인에 초점을 맞추는 것이기 때문에 영웅이 되기 위한 훈련이라 할 수 있다. 우리가 일반적으로 갖고 있는 자기중심적 태도가 아닌 사회 중심적 실천이기 때문이다.

칭찬하고 존경을 표할 사람들에 대해 미리 계획을 세울 수도 있다. 부모님, 선생님, 친구, 동료뿐만 아니라, 버스 운전사나 식당 종업원처럼 우리에게 다양한 서비스를 제공하는 사람들을 대상으로 하는 것이다. 거울 앞에서 연습할 수도 있다. 이 과정에서 말하지 못할 쑥스러움을 알게 되었다면, 연습을 통해 자신감을 갖게 될 것이다.

그 후에는 당신의 느낌을 적어본다. 언제, 어디서, 어떤 상황에서 당신이 목표로 한 사람에게 어떤 말을 했는지, 그 사람이 어떻게 반응했는지, 당신은 어떤 느낌이었는지를 적어야 한다. 또한 당신이 어떻게 행복해졌는지, 친절을 확대하고 싶은 마음이 생겼는지를 적어본다. ■

Would you like to be able to take heroic action when faced with a challenging situation?

긴박한 상황에 닥쳤을 때, 영웅적인 행동을 할 수 있을 것 같은가?

필립 짐바르도

'깨진 유리창 이론'의 연구로 잘 알려진 스탠퍼드대학교 심리학과의 명예교수이다. 미국과학협회 대표위원회 회장과 스탠퍼드 테러리즘 심리학 센터의 소장으로 활동 중이다. 성인의 수줍음을 최초로 연구했으며 수줍음이라는 사회적으로 불리한 조건으로 고통받는 성인과 청소년을 위한 '수줍음 클리닉'을 개설했다. 그가 수행했던 스탠퍼드 교도소 실험은 세계 곳곳에서 텔레비전을 통해 방영되고 영화로 만들어지기도 했다. 이 실험을 바탕으로 하는 저서 《루시퍼 이펙트》는 수많은 대학교와 고등학교의 필수 교재로 수록될 만큼 높은 관심을 받았다. 2004년 이라크의 아부그라이브 포로수용소에서 발생한 범죄 행위로 기소된 미군 퇴역 군인의 군법 재판에서 전문가 증인으로 출석할 만큼 공신력을 인정받고 있다.

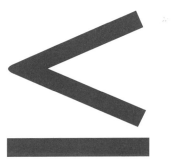

잘해서 좋아하는 걸까?
좋아해서 잘하는 걸까?

지금 하고 있는 일이 있는가? 그 일을 계속하면 성공하리라는 것을 어떻게 알 수 있는가? 반대로 인생의 방향을 바꾸려 한다면, 그게 더 나은 성공을 위한 것임을 또 어떻게 알 수 있는가?

　나는 이 문제를 이렇게 표현하길 좋아한다.
　'고수하거나 전환하거나 stick or switch.'
　다음은 고수 혹은 전환에 관한 이야기이다.

　사람들은 자기가 좋아하는 일에 대해서는 긍정적으로 받아들이려 한다. 만약 누군가가 축구나 수학이나 오보에를 싫어한다면 나는 그 사람에게 '전환'하라고 격려하는 편이다. 과정 자체를 즐길 수 있어야 최고가 되기 쉬워진다. 그렇지 않아도 힘든 일, 해야 할 가치가 있는 일들은 널려 있다. 군이 싫어하는 일에 집중할 필요가 없다. 그러니까 성공하려면 좋아하는 일을 해야 한다.

여기까지는 단순하다. 그런데 당신은 왜 그 일을 좋아하는 걸까? 천성적으로 타고나서? 그럴 수도 있다. 그런데 엄밀하게 따지면 '천성적으로 타고난 재능으로 남들보다 잘하기 때문'이다. 즉, 우리가 좋아하는 일의 정체는 대부분 '내가 잘하는 일'이라는 거다. 그런데 '잘하는 일'은 어떻게 만들어지는 걸까? 처음 피아노에 앉았을 때부터 모차르트를 능숙하게 치는 천재가 아니라면, 대부분 자꾸 하다 보니 '남들보다' 잘하게 되는 것이다. 자, 여기에서 '고수 혹은 전환'의 딜레마가 등장한다.

말콤 글래드웰이 주장한 '1만 시간의 법칙'은 우리에게 널리 알려져 있다. 무슨 일이든 성공하려면 1만 시간의 연습이 필요하다는 것이다. 성공한 프로그래머나 바이올리니스트와 같이 한 분야에서 큰 성공을 이룬 사람들은 하루에 5~10시간씩, 5~10년 동안 집중적으로 연습을 했다고 한다.

그런데 문제는 사람들이 자기가 잘하는 일을 좋아하는 경향이 있다는 데 있다. 만약 어떤 일에 능숙해지기까지 여러 해가 걸린다면 자신이 잘하게 될 거라는 사실은 어떻게 알 수 있을까? 자기가 그 일에 능숙해지기만 하면, 그 일을 좋아하게 된다는 사실을 안다 해도 말이다. 여기에 역설이 존재한다.

　많은 경우, 이 문제는 부모가 아이들이 재능을 보이는 분야에 집중하도록 만든다는 사실로 해결된다. 만약 내가 피아노를 치는 사람들의 평균적인 수준보다 더 나은 재능을 보인다면 부모는 내게 피아노를 권할 것이고 계속해서 연습을 시킬 것이다. 만약 각 단계에서 상을 받는다면 나는 그것을 좋아하게 될 것이고, 연습은 즐거워진다. 결국 1만 시간 이상의 연습이 지나고 나면 나는 국내 혹은 국제 무대에서 진정 뛰어난 피아니스트가 되어 있을 것이다. 지금 하고 있는 일을 나는 과연 좋아하고 있는가? 계속하다 보면 잘하게 될까? 중요한 것은 취향이 아니라 계속할 것이냐 그만둘 것이냐, 이것이다. 노력과 지속성 말이다. ∎

How do you know whether to continue pursuing

a problem or career plan, or to switch to something else

in the hope that you will have more success

with a different approach or a different career?

지금 하고 있는 일을 계속하면 성공하리라는 것을 어떻게 알 수 있는가?

반대로 인생의 방향을 바꾸려 한다면, 그게 더 나은 성공을 위한 것임을 또 어떻게

알 수 있는가?

솔 레브모어

시카고대학교 법학대학원의 원장을 지냈다. 정보 시장, 공공 선택, 게임 이론, 지적 재산권 등 다양한 분야에 관해 연구한다. 특히 재치 있는 위트와 통렬한 풍자, 소크라테스의 방법론에 의거한 수업 방식으로 유명하다. 2011년과 2012년 두 해에 걸쳐 시카고대학교에서 수여하는 '우수 교육상'을 수상했다. 저서에는 마사 누스바움과 공저한 《불편한 인터넷》 등이 있다.

04

새로운 기술을 배울 수 있다면,
무엇을?

체스, 테니스, 외국어 등 새롭게 열정을 쏟고 싶은 기술이 있는가?

우리는 항상 같은 일상이 반복되면 싫증을 느낀다. 그때 새로운 관심거리를 가지면 도움이 된다. 어떤 것이라도 좋다. 체스나 포커 같은 게임, 테니스 같은 운동도 좋고 혹은 새로운 외국어 등을 익히는 것도 좋다. 이러한 관심거리는 자칫 따분해질 수 있는 일상에 생기를 주기도 하지만 무엇보다 삶에 안겨주는 작은 보상과 같은 역할을 한다. 스스로에게 보상을 주는 것은 매우 중요하다. 그리고 이렇게 새로운 무언가를 배우는 것만큼 만족도가 높은 보상은 별로 없다.

또한 새롭게 기술을 익혀서 다른 곳에 유용하게 쓸 수도 있다. 가볍게 시작한 일이 또 다른 인생을 열게 해주기도 한다. 그뿐만 아니다.

예전에는 속해본 적 없는 커뮤니티에서 새로운 친구를 사귀는 기회를 얻을 수도 있다.

그렇게 새로운 관심거리에 전념하다보면 어느새 전문가가 될 수도 있다. 때로는 조급하게 빠른 성과를 바랄지도 모르겠다. 그럴 땐 이렇게 생각하자. 피터 드러커라면 마스터하고자 하는 새로운 종목을 정한 뒤 목표를 달성하기 위해 적어도 3년의 시간은 투자했을 것이다. ▪

If you could commit yourself to becoming an expert
in one new skill, what would that skill be?

새로운 기술의 전문가가 되기 위해 전념할 수 있다면,

당신은 어떤 기술을 선택할 것인가?

필립 코틀러

이 세상에 존재하는 그 어떤 마케팅 이론도 그의 그늘을 벗어나지 못할 정도로 '마케팅의 대가'로 불린다. 전 세계 경영대학원에서 가장 많이 사용하고 있는 마케팅 교과서 《마케팅 원리》, 《마케팅 관리론》을 집필하였고, IBM, 아메리카은행, GE, AT&T 등 세계적인 기업을 대상으로 컨설팅을 해왔다. 시카고대학교에서 경영학 석사, MIT에서 각각 경영학 박사 학위를 받았다. 현재 노스웨스턴대학교 켈로그 경영대학원의 마케팅 분야 석좌교수로 재직 중이다. 저서에는 《B2B 브랜드 마케팅》, 《미래형 마케팅》, 《마케팅 A to Z》, 《마케팅 리더십》, 《수평형 마케팅》 등이 있다.

05

피터 브레그먼

자신의 모습에 실망하고 있는가

시계나 컴퓨터 아니면 전화기의 알람이 매시간 울리면 나는 내가 하는 일을 멈추고 깊은 숨을 쉬며 스스로에게 두 가지 질문을 던진다.

❶ 나는 지금 나에게 가장 필요한 일을 하고 있는가?
❷ 나는 지금 내가 가장 되고 싶어 하는 사람인가?

우리는 누구나 매일매일 계획을 가지고 하루를 시작한다. 나는 내가 해야 할 일의 목록을 보고 스스로에게 물어본다. "무엇이 성공적인 하루를 만들 것인가?"

그러나 매순간 계획대로 실행하기는 힘든 일이다. 이메일이 날아오고 전화기가 울리고 문자메시지가 삑삑거린다. 산만함의 기운이 슬며

시 다가온다.

그러나 이런 상황은 내가 시간마다 알람을 설정하고 저 질문을 자주 던지면서부터 변화하기 시작했다. 이제 어떤 산만한 환경이나 예기치 않은 방해도 내가 세운 계획으로부터 나를 오랫동안 멀어지게 만들지 못한다.

처음에는 이런 질문이 직관에 어긋나고 오히려 나를 방해하는 것처럼 보였다. 그러나 한 시간에 1분 정도의 훼방은 생산적인 간섭이라고 할 수 있다. 이 훼방은 만족스러운 하루를 만드는 일을 하게 만들고, 스스로가 꿈꾸는 사람이 되기 위해 집중해야 할 일로 다시 돌아오게 한다.

계획에 의존하라는 말이 아니다. 알람이 울렸을때 비록 내가 내 계획표에서 벗어나 있더라도, 지금 하고 있는 게 가장 필요한 일임을 나도 알고 있다. 중요한 것은 내가 가장 우선순위를 두는 일을 하고 있는가, 나중에 할 일을 내가 의도적으로 선택할 수 있는가 하는 것이다.

한 시간에 한 번씩 알람을 듣고 깊은 숨을 내쉬며 두 가지 질문을 던지는 이 과정을 거치면서, 나는 충족감으로 하루를 마감하는 사람으로 변화했다. 매 순간 저 질문을 던지기 전에는 하루하루가 스스로 원하던 모습과는 거리가 먼 실망의 날들이었다. ∎

Am I doing what I most need to be doing right now?

Am I being who I most want to be right now?

나는 지금 나에게 가장 필요한 일을 하고 있는가?

나는 지금 내가 가장 되고 싶어 하는 사람인가?

피터 브레그먼

세계적인 경영 컨설팅 업체인 브레그먼파트너스의 CEO. 프린스턴대학교를 졸업한 후, 컬럼비아대학교에서 MBA를 취득했다. 국립 야외 활동 지도자 학교에서 야외 활동 지도자 프로그램을 이수하면서부터 리더십 컨설팅을 시작하게 되었다. 〈하버드 비즈니스 리뷰〉, 〈패스트 컴퍼니〉, 〈포브스〉 등에 정기적으로 칼럼을 기고하고 있다. 〈하버드 비즈니스 리뷰〉에 쓴 '당신의 하루를 경영하는 18분의 계획'으로 화제를 불러일으켰고, 이 내용을 바탕으로 저서 《18분》을 출간했다. 아메리칸 익스프레스, 도이체방크, JP모건체이스, FEI, GE캐피털, 머크, 나이키, 유니세프 등 굴지의 글로벌 기업 및 비영리단체의 리더들에게 조언을 주고 있다.

06

결정을 고민할 만큼 중요한 일인가

스스로에게 물어보자. 나의 현재 상황을 개선하기 위해 진정 필요한 선택은 무엇일까? 별 가치가 없어서 더 이상 하지 말아야 할 선택은 무엇일까?

나는 어느 날 그간 별 가치 없는 결정으로 시간을 허비해왔다는 걸 깨달았다. 아침이나 점심 메뉴 같은 것들 말이다. 우리는 그것 말고도 매일 결정해야 할 일이 아주 많다. 그런데 그 수많은 결정들이 모두 다 시간을 들여서 생각해야 하는 것일까? 무엇을 먹을지 결정하는 건 습관적인 선택이다. 이런 사소한 결정으로 내 시간을 허비하고 싶지 않다. 그보다 훨씬 크고 중요한 선택이 있다. 우리는 중요한 선택의 순간을 위해 충분한 시간과 정신적 에너지를 갖추어야만 한다.

매일 10분 정도 시간을 갖고 그날 해야 할 가장 중요한 일이 무엇인지부터 정하자. 혹은 굳이 내 의견을 내세우지 않아도 되는 것들을 생각해보자. 우선순위에 놓인 일이 무엇인지 기억하는 것은 정말 중요하다. 일의 우선순위를 알면 시간을 적절히 배분하고 더욱 효과적인 선택을 할 수 있기 때문이다. 또한 자신의 진짜 능력을 찾는 데도 도움이 될 것이다. ▪

Sheena Iyengar's Question

What choices do you really need in life to improve

your situation?

What choices are trivial such that you should stop

making them?

현재를 개선하기 위해 진정 필요한 선택은 무엇일까?

더 이상 하지 말아야 할 선택은 무엇일까?

쉬나 아이엔가

컬럼비아대학교 심리학과 교수. 선택과 결정에 관한 이론에 있어서 최고의 전문가이다. '선택'이야말로 우리 삶을 형성하는 가장 강력한 도구이며, 오늘을 사는 우리가 내일로 가기 위한 필수적인 요소라고 말한다. 2002년 미국 대통령 과학기술상을 비롯하여 수많은 상을 받았다. 저서 《선택의 심리학》은 2010년 골드만삭스와 〈파이낸셜 타임스〉가 선정한 올해의 비즈니스 책으로 선정되기도 했다.

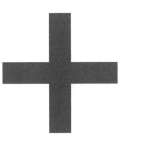

엄청난 돈과 능력이
주어진다면 뭘 할까

누군가 당신에게 원하는 모든 것을 이룰 수 있는 돈과 능력을 준다면?
이런 생각을 해본 적 있는가? 그렇다면 이런 질문도 떠올려봤을 것이다.

　그 돈과 능력으로 나는 무엇을 할 수 있을까?
　또는 무엇을 해야 할까?

　이 질문에 대한 답은 현재 당신이 매일 원하는 것을 성취하기 위해
기울이고 있는 노력과 직결될 수 있어야 한다. 만약 그 대답이 현재 당
신이 목표를 성취하기 위해 실천하고 있는 행동과 일치한다면, 당신은
이미 목표를 향해 나아가고 있는 것이다. ▪

Suppose someone gave you enough money to accomplish anything you have the desire and ability to accomplish. What would that be?

누군가 당신에게 원하는 모든 것을 이룰 수 있는 돈과 능력을 준다고 가정해보라.

어떨 것 같은가?

로버트 루트번스타인

미시간주립대학교 생리학 교수. 프린스턴대학교에서 생화학을 전공하고 1980년에 과학사 박사 학위를 취득했다. 또한 두 분야를 결합하여 소크 생물학 연구소에서 의학 박사 조너스 소크 Jonas Edward Salk 와 함께 생물학 이론 분야 연구원으로 재직했다. 1981년 에는 일명 '천재들의 상'이라고 불리는 맥아더상을 수상했다. 현재는 대사 조절 시스템의 진화, 자기 면역 질환 등을 연구한다. 그의 연구는 상보성 相補性 에 영향을 받았는데, 이는 모든 주제와 대상의 전체를 인지하기 위해 갖추어야 할 복합적, 상호적 관점을 유지하는 철학이다. 아내 미셸 루트번스타인 Michele Root-Bernstein 과 공동 저술했으며 2007년 한국에서 번역, 출간된 뒤 주요 신문사로부터 올해의 도서로 선정된 《생각의 탄생》 등의 저서가 있다.

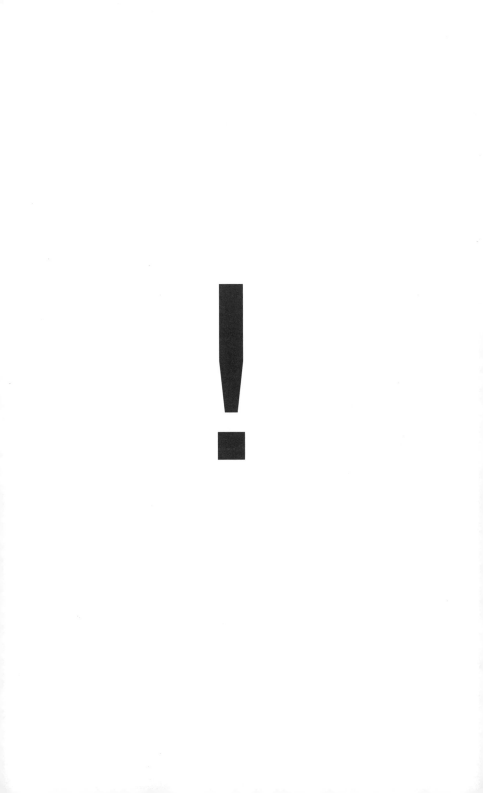

08

로렌스 스타인버그

내 인생의 가장 중요한
스승은 누구였나

사람들은 대부분 인생의 어느 시점에 내 인생의 스승을 만났을 것이
다. 초등학교나 고등학교 혹은 대학교에서 만났을 수도 있다. 어떤 경
우에는 성인이 된 한참 뒤에 직장에서도 만날 수 있다.

　내 인생에서 가장 중요한 스승은 누구였나?

　이 질문에 대한 답이 가능하다면 스승을 찾아가보자. 스승이 당신의
인생에 얼마나 큰 영향을 주었는지 혹은 기억에 남았는지를 말하기 위
해 직접 찾아가는 시간을 가져보자. 그러다 보면 스승을 추억하는 것
을 넘어, 스스로가 되고 싶어 하는 모습이 무엇인지도 찾을 수 있을 것
이다. 인생의 스승을 추억한다는 것은 내 인생의 중요한 시점을 발견
하는 일이기도 하기 때문이다.

아마 당신도 누군가의 인생에서 잊지 못할 스승이 될 수 있다. 나는 예전에 가르쳤던 학생들로부터 내가 그들에게 얼마나 중요한 스승이었는지에 관해 종종 듣곤 한다. 그들 중에는 심지어 수십 년 전에 개개인에 대한 식별이 불가능한 대규모 강의를 들었던 학생도 있었다. 이런 이야기를 들을 때마다 나는 상상 속에서나 느껴볼 듯한 최고의 기분을 느낀다.

기억에 남는 스승이 되는 것은 각별한 관계에서만 가능한 일이 아니다. 어쩌면 나는 평생 잊지 못하고 있는 사람인데, 그는 나를 겨우 이름 정도만 기억하고 있을 수도 있다. 그러나 그렇다고 하여 그 사람이 나에게 주었던 영향력과 가치가 사라지는 것은 아니다.

앞서 말했듯이, 이 질문이 진정 중요한 이유는 나 자신의 진짜 모습을 찾고 성장하기 위해 중요한 것이 무엇이었는지를 깨닫게 하기 때문이다. 그리고 자신의 모습에 솔직한 사람이야말로, 또 다른 누군가에게 중요한 사람이 될 수 있다. ▪

Who was the most important teacher in your life?

당신 인생에서 가장 중요한 스승은 누구였나?

로렌스 스타인버그

청소년기 심리 발달의 세계적인 권위자. 템플대학교의 심리학 교수이다. 코넬대학교에서 발달심리학으로 박사 학위를 받았으며, 미국심리학회의 발달심리학분회 회장, 청소년연구학회의 회장으로 일했다. 현재 맥아더 재단의 '법과 신경과학 연구 네트워크' 회원으로 활동하고 있다. 그는 연구 성과를 인정받아 수많은 상을 받았는데, 2009년에는 청소년과 그 가족들의 삶을 개선한 공로로 클라우스 야콥스 연구상의 첫 번째 수상자로 선정되었다. 2013년에는 미국과학예술아카데미의 회원이 되었다. 저서로 《좋은 부모 되기 위한 10계명》 등이 있다.

다른 사람의 허락 없이
할 수 있는 일은 무엇인가

다른 사람의 허락을 구하지 않고도 일, 가정, 지역사회 그리고 자기 자신에 대해 만족감을 늘리고 역량을 키울 수 있게 만드는 작은 변화에는 무엇이 있을까? 마음과 몸, 정신의 측면에서 한번 생각해보자.

그런 실천은 일, 가정, 지역사회, 자기 자신 안에서 일어날 수 있다. 중요한 것은 이 실천이 이러한 삶의 네 가지 영역에서 직접적으로 혹은 간접적으로 서로 영향을 주는가 하는 점이다.

스스로에게 이 질문을 던짐으로써, 우리는 삶의 서로 다른 네 영역들이 제로섬 관계에 있다는 사고방식으로부터 벗어날 수 있는 계기를 만든다. 우리는 일, 가정, 지역사회, 자기 자신을 모두 분리하여 사고

한다. 그러나 사실 그렇지 않다. 한 영역에서 작은 변화를 만들어낼 수 있으면, 그 변화는 다른 영역의 변화도 동시에 가져올 수 있다.

흔히 자신이 속해 있는 공동체를 바꿀 수 있다는 생각을 하기란 쉽지 않다. 반면 자기 자신의 변화는 좀 더 쉽게 시도할 수 있다. 가정은 그다음, 그리고 자신의 일은 그다음으로 변화할 수 있다고 생각한다.

그런데 내가 하고 있는 일이 달라지면 내가 속한 공동체가 바뀔 수 있다는 생각을 한번 해보라. 조직, 동료, 가족의 도움이나 허락 없이 내가 해낸 일이, 오히려 그들에게 영향을 미친다고 생각해보라.

그 순간 자신의 주도성이 훨씬 더 커지는 것을 경험하게 될 것이다. 이것이 삶을 통합적으로 살기 위한 방법이다. 인생을 통합적으로 살 때, 우리는 훨씬 더 효율적으로 살 수 있다. 그리고 그 통합은 스스로의 힘으로 만들어낸 것이 있을 때만 가능하다. 그것이 아무리 작은 변화라 해도 말이다. ∎

What one small change can you make now,
without asking permission of anyone?

다른 사람의 허락을 구하지 않고 당신이 만들 수 있는

작은 변화에는 무엇이 있을까?

스튜어트 프리드먼

펜실베니아대학교 와튼스쿨 교수. 와튼 리더십 프로그램과 '일과 삶의 통합을 위한 프로젝트'를 설립한 책임자이다. 베스트셀러 《와튼스쿨 인생 특강》을 비롯하여 수많은 저서와 논문을 발표했다. 또한 미국 노동부와 국무부, 백악관, 유엔 등 수많은 조직에서 자문 역할을 맡기도 했다. 〈뉴욕 타임스〉는 그가 마치 록스타처럼 학생들에게 영감을 주는 존재라고 말했다. '일하는 어머니 Working Mother'에서 선정한 '미국에서 가장 영향력 있는 남성 25인' 중 하나이며, 〈싱커스50〉의 '세계 최고의 경영 이론가 50인' 목록에 이름을 올리기도 했다.

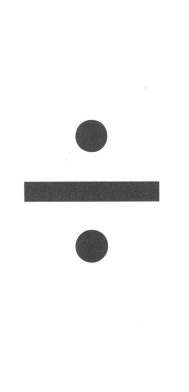

10

귄터 슈미트

나는 어떤 종류의 책임감을
가지고 있는가

질병을 앓거나 낙심하거나 가난에 시달리는 등 어려운 상황에 처한 타인에게 책임감을 느끼고, 그에 맞는 행동을 한 적이 있는가? 여기에서 말하는 '행동'은 다음과 같은 책임감과 연결되어 있다.

— '의사소통'에 대한 책임감(말은 상대를 죽일 수도, 잘못된 방향으로 이끌 수도 있다)

— '경청'에 대한 책임감(다른 이의 이야기에 귀 기울이지 않으면 사람의 존엄성을 해치게 된다)

— '먹는 것'에 대한 책임감(특별히 관심을 기울이지 않으면 음식과 물이 부족하다는 사실을 간과하게 된다. 또는 친구나 가족이 음식을 만든 노고를 무시할 수 있다)

— '보는 것'에 대한 책임감(악의적인 시선도 사람을 죽일 수 있다. 반면 우호적인 시선은 상대를 격려할 수 있다)

— '행동'에 대한 책임감(대개 말만으로는 부족하다. 금전적인 지원, 보호, 보살핌과 같은 구체적인 도움이 필요하다)

간디는 이렇게 말했다. "목적을 찾아라. 그리하면 의미는 저절로 따라올 것이다." 삶을 바꾸고 싶다면 이 말에 따르라. 우선 목적을 찾아라. 그 목적은 바로 책임감이다. 가장 보람 있는 일이란 자신을 완성하는 것이 아니라 책임감을 갖고 자신에게 주어진 과업을 완수하는 것이기 때문이다. ▪

Did I act responsible related to one other person or
to several other persons to overcome their difficulties?

다른 사람이 아프거나 낙심하거나 가난에 시달리는 등의

어려움을 극복하는 일에 책임감 있는 행동을 했는가?

귄터 슈미트

베를린자유대학교 명예교수. 1970년부터 1974년까지 베를린자유대학교에서
정치 이론 및 방법론 조교수로 재직했다. 이후 사회과학 연구센터, 노동시장 정
책 분야 연구 센터의 소장을 거쳐 위스콘신대학교 메디슨캠퍼스, 소르본대학교,
스톡홀름대학교, 멜버른대학교 등의 초빙교수로 활동했다. 그의 연구 활동은 경
제, 노동, 정치 등에 폭넓게 걸쳐서 그에 맞는 정책 평가를 하고, 기관과 이론, 시
스템을 비교·연구하는 데 초점이 맞추어져 있다. OECD와 유럽위원회의 자문 위
원을 맡았고 2000년에는 노동연합의 과학적 자문 위원회인 벤치마킹 그룹 위원,
2002년에는 노동시장 개혁 위원회인 하르츠 위원회의 위원으로 임명되었다.

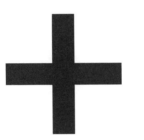

11

다른 사람들이 다 뛰어내린다고
나도 그래야 하나?

부모님이나 선생님이 싫어하는 일을 하려고 하면, 어른들은 이렇게 말한다. "만약 다른 사람들이 모두 다리에서 뛰어내린다면 너도 그럴 거니?" 이 말의 숨은 뜻은 다른 사람들이 모두 한다고 해도, 멍청한 일을 감행하는 건 좋지 않다는 것이다. 어른들 말이 다 옳지는 않지만, 나는 이 말이 매우 중요하다고 생각한다. 이 말의 논리는 군중을 따르기보다는 스스로 생각해보라는 데 있다. 그리고 어른이 되면 느끼게 된다. 그렇게 하기가 어릴 때보다 더 어렵다는 사실을.

물론 어른들이 이런 말을 좋은 의미에서만 하는 것은 아니다. 이러한 논리가 가끔은 독립적인 사고를 지지하기보다는 통제를 위해 사용되기도 한다. 그렇다고 해도 이 말은 나쁜 충고가 아니다. 어느 날 당신이 성장했고 환경이 달라졌다고 생각해보자. 사람들은 당신에게 자기들이 원하는 방식대로 행동하기를 바라기 시작한다. 여기에 동의하지 않고 기대에 부응하지 못한다면, 그들은 이렇게 말할 것이다. "이봐. 모든 사람들이 다리에서 뛰어내리는데 너는 왜 안 뛰어내리지?"

왜 우리는 뛰어내리지 않는가? 무엇이 핵심인가? 우리는 어떠한 발전적인 일을 하고 있는가?

이유를 물어보고 동기를 이해할 때, 원하는 일이 무엇인지에 대한 가능성의 단초를 만들 수 있다. 적어도 처음에는 그리 어려운 일이 아니다. 당신이 하고 있는 일을 포기하라거나, 관계에 대한 회의를 만드는 것도 아니다. 그저 사고하라고 말할 뿐이기 때문이다. 불행하게도 사고는 저절로 이루어지지 않는다. 마틴 루터 킹 주니어는 "사고하는 것보다 사람을 더 힘들게 만드는 것은 없다"고 말했을 정도이다.

비록 사고 자체가 다른 행동을 필요로 하지는 않지만, 사고가 어느 지점에 이르면 행동을 수반하게 된다. 그렇게 하여 만약 모든 사람들이 자기가 하고 있는 일을 왜 하는지 답할 수 있다면 이 세상은 훨씬 좋은 세상이 될 것이다. ▪

If everyone else jumped off a bridge, would you?

만약 다른 사람들이 모두 다리에서 뛰어내린다면 당신은 어떻게 할 것인가?

크리스 길아보

베스트셀러 《100달러로 세상에 뛰어들어라》의 저자. 그는 175개국이 넘는 나라를 돌며, 자신처럼 100달러나 그 이하의 소자본을 들여 창업하고 연간 5만 달러 이상의 소득을 내는 개인 사업가들을 만나 자료를 수집했다. 그리고 그 가운데 가장 흥미로운 사례 50가지를 선정했다. 그들의 공통점은 이렇다 할 특별한 기술이나 재능 없이도 자신의 열정을 쏟아부어 자신만의 사업을 성공시켰고, 그 일을 통해 자유와 성취감을 얻었다는 것이었다. 그는 현재 이 프로젝트를 바탕으로 사람들에게 '자신의 일자리를 스스로 만드는 법'을 전파하고 있다.

도움이 안 되는 이들을
나는 어떻게 대하고 있나

아무 도움이 안 되는 사람들을 나는 어떻게 대하고 있는가?
이 질문은 변화 가능성에 대한 것이다. 우리는 이미 자신보다 높은 지위에 있거나 혹은 승진과 같은 호의를 베푸는 이들을 대하는 사람들의 태도에 관해 잘 알고 있다. 우리가 윤리적이고 도덕적인 삶을 살기 위해, 진정한 공감을 실천하면서 현실에 기반을 둔 생활을 영위하기 위해 매일 스스로에게 해야 하는 질문은 바로 이것이다. 우리는 아무 도움도 안 되는 사람들을 어떻게 대하는가?

안녕이라는 제대로 된 인사도 하지 않은 채 그들을 피하고 속이고 경멸하고 있지는 않은가? 그들은 우리가 아침 인사를 나누는 첫 번째 사람들인가? 그들의 가족과 건강에 대해 묻는가? 그들과 친해지기 위해 시간을 내고 그들의 성과에 즐거움을 느끼는가? 그들은 우리와 같은 자리에 앉아 식사를 나누는 사람들인가? 아니면 우리는 우리에게 도움이 되는 사람들만을 위한 사람인가?

이 질문을 스스로에게 던지기 시작하면 우리는 변화할 것이다. 전체가 되고 생동감을 느끼고 이 우주와 일체감을 갖게 된다. 더욱 중요한 것은 다른 사람들이 우리를 다르게 인식하게 된다는 점이다. 그들은 우리를 뭔가 얻으려는 목적을 가진 사람이 아니라 친절하고 의미 있는 사람으로 보게 된다. 그들은 순수한 의도를 가지고 우리를 대하게 된다. 이렇게 되면 이전에 어떤 모습이었든 간에 우리가 될 수 있는 바로 그 모습으로 변화한다. 단순한 인간에서 인간적인 구성원이 되는 것이다. 이는 바로 링컨과 간디, 킹 목사 그리고 만델라의 바탕이 된 위대한 철학이기도 하다.

나는 이 질문을 매일 스스로에게 던지면서 바뀌기 시작했다. 신중하고 겸손해졌고 이해의 수준이 높아졌다. 그리고 더욱 공감할 줄 아는 사람이 되었다. 새롭게 등장하는 상황에 반응할 때마다 나는 스스로에게 묻는다. "이 일을 어떻게 처리할 것인가? 비록 이 사람들이 전혀 도움이 되지 않는다고 해도 이 사람들을 어떻게 대할 것인가?"

어느 날 나는 한 CEO와의 미팅이 예정되어 있었다. 그런데 상대가 매우 바빴다. 이 사실을 알고 나는 혹시 모를 상황에 대비하며 카페에 앉아 기다리기로 했다. 나중에 안 사실이지만 그 CEO의 비서도 같은 카페에 있었다. 비서 역시 CEO가 돌아오기를 기다리고 있었다.

그동안 나는 그가 CEO의 비서인 줄도 모르고, 그의 대학원 과제를 몇 가지 도왔다. 그에 대해서는 그 회사에서 일한다는 사실 외에는 아무것도 몰랐다. 몇 주가 지나고 CEO가 나에게 전화를 걸어와 같이 일을 하자고 제안했다. 나는 내가 당신과 무엇을 하고 싶은지 아직 제대로 설명하지도 못했다고 말했다. 그는 상관없다고 말하며 자신의 비서가 나에 대해 신뢰할 수 있는 사람이라고 알려 주었다면서 만나자고 했다. 이를 시작으로 우리는 10여 년에 걸쳐 사업 관계를 지속했다. 이 모든 것이 내가 우연히 젊은 친구와 같이 앉아 시간을 보내고, 혼자 있는 그에게 관심을 보였기 때문이다. ▪

How do you treat those that can do nothing for you?

당신에게 아무 도움이 안 되는 사람들을 어떻게 대하는가?

조 내버로

미국연방수사국^{FBI}에서 25년간 대적 첩보 특별수사관으로 활동했다. 고도로 훈련된 스파이와 지능 범죄자를 상대하며, 포커페이스에 가려진 진심을 꿰뚫는 능력이 뛰어나 FBI 내에서 인간 거짓말탐지기로 불렸다. FBI에서 터득한 기술과 30여 년에 걸친 인간 행동 연구를 바탕으로 현재 비언어 커뮤니케이션 전문가로 활동하고 있다. 세인트레오대학교 겸임교수이며, 국제 협상과 비즈니스 컨설턴트로도 활동 중이다. 저서에는 《FBI 행동의 심리학》, 《우리는 어떻게 설득당하는가》 등이 있다.

13

이걸 사면 정말 행복해지나?

뭔가를 사기 위해 지갑을 꺼내 열기 전에, 혹은 온라인으로 신용카드의 정보를 입력하기 전에 잠시 멈추고 이 질문을 던져보자.

이 소비가 나에게 커다란 행복을 가져다주는가?

우리는 함께 쓴 책 《당신이 지갑을 열기 전에 알아야 할 것들》에서 사람들이 일상적으로 돈을 주고 커피, 텔레비전, 차, 집과 같은 상품들을 구입하는 행위가 종종 그들의 행복에 놀라울 정도로 거의 아무런 긍정적 영향도 주지 않는다는 사실을 보여주었다. 놀랍지 않은가? 쇼핑을 해도 행복해지지 않는다니. 그렇다면 어떻게 해야 할까?

매 주말마다 내가 지출한 내용을 검토하고 다음의 세 가지 범주 중에서 어디에 속하는지 질문하고 그 답을 기록해보자.

❶ 다른 누군가를 위해 이 돈을 썼는가?
❷ 새로운 경험을 위해 이 돈을 썼는가?
❸ 좋은 시간을 위해 이 돈을 썼는가?

연구에 의하면 당신 자신만을 위한 지출보다 이 세 가지 범주에 해당하는 지출이 매 달러당 행복지수를 극대화한다고 한다. 소비는 그저 필요한 물건을 사는 행위가 아니다. 당신이 어디에 돈을 쓰는지가 당신이 앞으로 어떤 인생을 살게 될지를 결정한다. 스스로의 소비를 한 번 되짚어보라. 지금 지갑을 열기 전에. ▪

Michael Norton & Elizabeth Dunn's Question

Am I getting the most happiness out of spending this money?

이 소비가 나에게 커다란 행복을 가져다주는가?

마이클 노튼

하버드 경영대학원 교수. MIT 미디어랩과 슬로언 경영대학원의 선임연구원으로 활동하기도 했다.

엘리자베스 던

브리티시컬럼비아대학교 심리학과 교수로서, 자기 이해와 행복에 관한 연구팀을 이끌고 있다. 그의 연구는 〈뉴욕 타임스〉, 〈글로브 앤 메일〉, 〈런던 타임스〉 등의 수많은 매체에서 다루었으며, 영국 데이비드 캐머런 총리가 이끄는 의회의 정책 보고서에서 이 연구를 근거로 삼기도 했다.

14

죽기 직전, 무엇이 생각날까

만약 지금 내가 죽음을 앞두고 있다고 상상해보자. 지난날의 수많은 일들이 스쳐 지나가는 가운데, 최고의 추억은 무엇일 것 같은가? 그 추억은 어떤 종류의 것일까?

    이 질문을 통해 과연 자신에게 무엇이 중요한지를 깨달을 수 있을 것이다. 그로써 용기를 얻고 남은 시간 동안 더욱 가치 있고 중요한 추억을 만들기 위해 노력할 것이다. 아무리 하찮은 것이라도 소중하고 의미 있는 존재로 여기는 일은, 바로 이 질문에서 출발한다. ■

If my life were about to end, what would be my best memories?

죽음을 코앞에 둔 상황이라면, 최고의 추억으로 무엇을 떠올릴까?

마빈 코헨

캐나다 태생의 미국 물리학자이다. 시카고대학교에서 박사 학위를 취득했으며 현재 캘리포니아주립대학교 버클리 캠퍼스의 응축물질물리학 및 재료과학 분야 교수로 재직 중이다. 1979년에 올리버 E. 버클리상, 1994년에 줄리어스 에드가 릴리엔펠트상, 2001년에 미국과학훈장을 받았다. 2005년에는 미국물리학회 회장으로 활동했다. 미국과학아카데미의 회원인 그는 재료연구 분야에서 주목을 받고 있다.

15

전혀 의심해보지 않은
믿음이 있다면?

매우 신성하다고 믿기 때문에 아예 비판조차 불가능한 믿음을 갖고 있는가?

수많은 사람들이 절대적인 믿음을 갖고 있다. 이성과 과학의 시대에 걸맞지 않지만, 이건 명백한 사실이다. 게다가 그 믿음을 보면 결코 합리적으로 빠져들기도 어렵고, 합리적으로 빠져나오기도 힘든 믿음인 경우가 많다.

그래서 우리는 서로 충돌하는 것이다. 세계 곳곳에서 벌어지는 끔찍한 갈등과 충돌은, 너무나도 신성하기 때문에 서로 맞선 상대에게 결코 양보할 수 없고 타협은 상상조차 할 수 없는 신념의 결과물이다. 이것은 꼭 종교나 정치의 문제만이 아니다. 가족에 대한 믿음, 남녀 사이에 대한 믿음, 지식과 합리성에 대한 믿음 등. 나에게는 너무 당연해서 믿음이라 생각하지도 못한 것들이 있다. 만약 당신이 누군가의 믿음에 대해 분노하거나, 아니면 다른 사람이 당신의 믿음을 받아들이지 못한다면 스스로에게 이렇게 물어보자.

내 마음을 바꾼 세상을 상상할 수 있을까? 이렇게 달라진 세상의 어떤 면이 아직도 삶에 의미를 부여하는가?

세상 모든 사람들이 이 두 가지 질문을 스스로에게 묻는다면, 인간의 삶은 더욱 평화롭고 관용이 넘칠 것이다. 적어도 자신이 굳게 믿고 있던 것에 배신당했을 때, 이겨낼 힘이 될 것이다. ▪

Do you hold any beliefs that are so sacred,
nothing could induce you to renounce them?

매우 신성하다고 믿기 때문에 아예 비판조차 불가능한 믿음을 갖고 있는가?

하비 화이트하우스

인류학자이자 종교 인지과학 분야의 선도적 인물이다. 옥스퍼드대학교 사회인류
학과의 학과장이며 모들린칼리지의 교수이다. 또한 옥스퍼드대학교 인류학·심
리학 센터의 책임자이다.

16

다른 사람에게
비열한 행동을 하지 않는가

나는 나이를 먹어가면서 삶의 의미가 단순하다는 것을 배웠다. 삶의 목적에 따라, 혹은 하고 있는 일이나, 미래에 이루어야 하는 것들에 따라 사람마다 다양한 삶의 의미를 갖게 될 것이다. 하지만 무엇보다 중요하고도 아주 간단한 진리는 내가 사는 이 세상을 좀 더 나은 곳으로 만들어야 한다는 것이다.

만약 당신이 말하고 행동하는 것들이 세상을 더 좋은 곳으로 만든다면, 바로 삶의 의미를 달성한 것이라 할 수 있다. 그렇다면 세상을 더 좋은 곳으로 만들기 위해서 우리는 무엇을 해야 할까? 두 가지만 스스로에게 물어보자.

분노를 조절할 줄 아는가? 왜 다른 사람들에게 비열한 행동을 하지 말아야 하는가?

　이 질문은 삶의 의미를 구체적이고 확실하게 느끼도록 해준다. 오늘 나는 한 학생의 이메일에 답장을 쓰면서, 내가 젊었을 때는 당시 생각했던 삶의 의미가 매우 복잡했다고 말해주었다. 이제 나는 구체적이고 확실한 것을 좋아한다. 예를 들어, 나는 학생들에게는 단순하게 공부를 하라고 이야기한다. 그게 인생의 중요한 의미 중 하나이니까. 그렇다면 우리 인생에서 가장 확실하고 구체적인 것은 무엇일까? 적어도 내가 남에게 해를 주는 존재는 아니어야 한다는 것이다. ▪

Why is it important to control anger and stop yourself
from doing something mean to another person?

분노를 조절하고 비열한 행동을 멈추는 것이 왜 중요한가?

템플 그랜딘

자폐증을 이겨내고 콜로라도주립대학교의 교수가 된 동물학계의 최고 권위자.
자폐 어린이들에게 안정을 제공하는 장치인 허그 박스^{hug box}를 창안했다. 그녀의
이야기는 〈템플 그랜딘〉이라는 제목의 영화로도 만들어졌다. 베스트셀러 작가
이자 자폐증 운동가이며, 가축 산업계에 동물 행동에 관해 자문하는 컨설턴트
로도 활동하고 있다. 2010년에 〈타임〉이 선정한 '세계에서 가장 영향력 있는
100인'에서 '영웅들' 분야의 100인 중 한 명으로 선정되었다.

17

시작하기 전에 충분히 생각했는가

오늘날에는 어떤 문제의 답을 찾거나 필요한 행동을 취하는 데 발생하는 마찰을 기술이 해결해주고 있다. 이런 상황에서는 즉시 물어볼 수 있는 질문을 갖는 게 점점 더 중요해진다. 그렇기 때문에 오히려 당신이 잘못된 질문을 하다고 해도, 그 답이 무엇인지는 문제가 되지 않는다.

일단 어떤 일을 시작하거나 행동을 하기 시작했다면 되돌릴 여지가 별로 없다. 그것이 현대사회에서 우리가 처한 문제이다. 그렇기 때문에 당장 일을 시작하기 전에 미리 충분한 시간을 들여서 생각해야 한다. 내가 이 일에 성공했을 때의 모습을 상상하는 것을 포함해서, 지금 내가 직면하고 있는 도전을 세분화하고 형상화하는 데 시간을 투자해야 한다.

무엇보다도 가장 힘든 문제와 맞서기를 두려워하면 안 된다. 훌륭한 가치를 지닌 변화는 결코 쉽지 않다. 그렇지 않다면 이미 그 일은 끝났을 것이다.

만약 당신이 진정 의미 있는 변화를 이끌어내기 위해 뛰어든다면, 그다음에는 오로지 이 도전 자체가 역동적인 일임에 집중해야 한다. 당신이 직면하는 문제는 당신이 시도하는 독자적인 해결책을 통해 새로운 모습을 띠게 될 것이고, 상황은 변할 것이다.

그 사안에 뛰어들기 전에 충분히 생각할 시간을 확보했다 하더라도, 과정 중에도 여전히 생각할 시간이 필요하다. 따라서 어떤 문제에 대한 정기적인 재평가를 위해 시간을 분배해야 하는데, 여럿이 함께 팀으로 일하는 것이 이상적이다. 함께하는 이들이 있다면 평가에 절대적인 시간을 쏟게 된다. 무엇보다 이런 과정은 당신이 속한 공동체를 통해 진행된다. 그렇기 때문에 목표 달성과 더불어, 과정 자체를 통해서 다른 이들과 함께하는 커다란 가치를 얻게 될 것이다. ▪

Have you spent enough time thinking through
your big question?

품고 있는 큰 질문을 생각하는 데 충분한 시간을 사용했는가?

톰 흄

세계적인 디자인 기업인 IDEO 런던 지사의 디자인 책임자이다. 대학에 들어가기 전에는 탄자니아에서 고등학교 선생으로 일하면서, 지속가능한 사회적 재화를 만드는 사업의 힘을 실천하기 위해 노력했다. 브리스톨대학교에서 물리학을 전공했고 하버드 경영대학원에서 MBA 과정을 마쳤다. 1998년에 영국의 스포츠카 제조회사인 마코스에 입사하여, 이후 경영진으로서 탁월한 성과를 보였다. 세계경제포럼에서 차세대 경제 리더로 선정되었으며, 2011년과 2012년에 영국 잡지 〈와이어드〉가 발표한 '디지털 파워 브로커 Digital Power Broker 100인'에 포함되었다.

18

남들보다 내가 이건 더 잘하지

당신의 초능력은 무엇인가?

이 질문이 어떻게 보이는가. 이 질문을 이렇게 바꾸어보자.

— 당신은 다른 사람과 어떻게 다른가?

— 당신이 특정 분야에서 남보다 뛰어나거나 혹은 뒤떨어지는 경우,
  선천적인 요인과 후천적인 요인이 어떻게 작용한 것일까?

— 같은 음식을 먹었는데 왜 당신만 알레르기를 일으킬까?

— 당신은 한계가 있어 보이지만 잠재적으로는 커다란 이점을 지닌
  특성을 갖고 있는가?

이 질문에 답하는 건, 특별한 능력을 발견하기 위해서일까? 다른 장

점을 발견하기 위해서일까? 만약 더 나은 것이 아니라, 오히려 더 문제가 되는 측면을 발견하게 된다면 어떻게 해야 할까?

예를 들면 이런 것이다.

나는 기면증 환자이다. 이 질환을 치료하는 약은 별 효과가 없거나 부작용이 있다. 나는 운전을 하지 못하며, 대화 도중 잠이 들기도 한다.

그러나 긍정적인 측면도 있다. 나는 스트레스 상황이나 답답한 공간에서도 잘 수 있다. 토끼잠 2분만으로도 문제가 해결된다. 운전을 하는 대신에 일을 한다. 잠에 빠지지 않으려고 서 있는 동안에는 간단히 운동을 한다. 하루 종일 앉아 있기에 좋은 전망을 가진 자리를 찾는다.

오늘날 인간은 지금까지는 예방할 수도 없고 치료도 불가능한 유전적 질환인 노화로 인해 죽어간다. 그럴 때도 이 질문은 도움이 된다. '우리의 초능력은 무엇이고 약점은 무엇인가?'라는 질문을 통해 치료와 예방에 기여할 수 있다. ▪

What is your super-power?

당신의 초능력은 무엇인가?

조지 처치

미국의 유전학자. 하버드 의학대학원의 유전학 교수이며 하버드와 MIT의 건강
과학과 공학 교수, 미국국립보건원의 유전자 연구 센터 소장이다. 하버드대학
교 와이스 연구소의 핵심 창립 멤버이며, 합성생물학과 개인유전체학의 개척자
로 알려져 있다. 그의 연구는 게놈 분석과 합성학 및 조직공학의 새로운 시대를
열었다. 이로써 유전자 개인 정보 보안에 관한 정책, 게놈 의학 및 합성생물학
등의 분야와 관련된 전문 회사 12곳이 설립되었다. 그간의 공로에 힘입어 미국
공학한림원과 과학한림원의 회원으로 선임되었고, 2011년에는 바우어 과학상
을 수상하기도 했다.

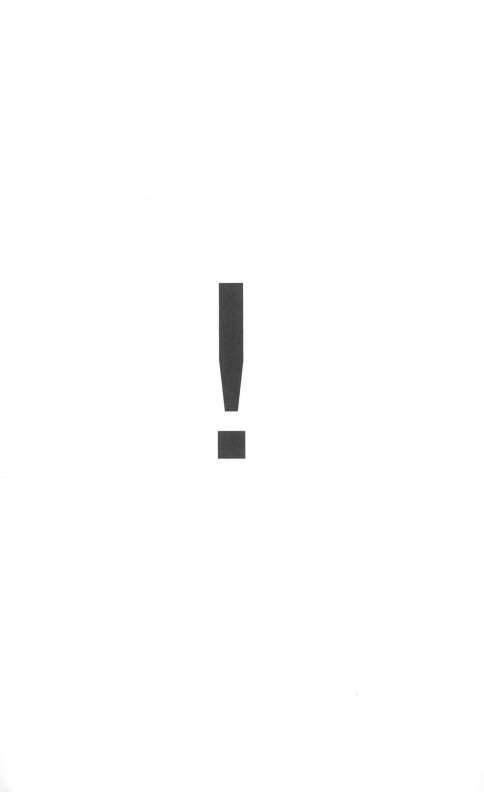

19

나 겁먹었나?

뭔가가 두려운가? 그러면 그걸 해라.

다르게 말하면 작은 일이든 큰일이든 자신에게 이렇게 물어보아라.

"나 겁먹었나?" 만약 겁먹었다면? 그게 바로 해야 하는 일이다.

　왜?

　첫째, 인생의 진정한 적은 지루함이다. 당신이 겁을 먹거나 흥분했다면 분명히 지루한 상태는 아니라는 것이다. 그러므로 당신을 겁나게 만드는 그것을 따라가다 보면 인생의 진정한 적인 지루함에서 벗어날 수 있다.

둘째, 나를 겁나게 하는 무엇인가를 찾아 맞설 때마다 그것이 더 이상 공포의 대상이 아님을 경험하게 된다.

셋째, 많은 사람들이 이러한 일을 하지 않기 때문에 더 큰 보상을 받을 수 있다.

나는 지금도 이 규칙을 거의 모든 일상에서 사용하고 있다.

예를 들어 유명하거나 아름다운 여인 앞에서 주눅이 들 수도 있다. 그녀에게 말을 걸기가 무서울 수도 있다. 그러면 스스로에게 물어본다. 내가 겁먹었나? 그래, 그럼 말을 걸어보자. 그런 다음 그녀에게 다가가 "안녕하세요?"라고 말을 건다.

또는 실패할지도 모르는 대규모 프로젝트에 대해 확신을 갖지 못할 수도 있다. 그럴 때 나는 '겁먹었니?'라고 물어보고 '그래, 그럼 해보자'라고 말한다. ▪

Am I scared?

나 겁먹었나?

데릭 시버스

독립 뮤지션들을 위한 온라인 시디 판매점 시디 베이비의 설립자이자, 전 CEO로 유명한 인물이다. 1987년 이래 전문 뮤지션으로 활동해온 그는 우연한 계기로 1998년에 자신의 웹사이트에서 시디를 판매하면서 시디 베이비를 설립했다. 이후 시디 베이비는 15만 여 명의 독립 뮤지션들을 고객으로 거느리고 1억 달러의 매출을 기록했으며, 2003년 세계기술대상을 수상했다. 2008년에 시디 베이비를 매각한 그는 음악인들에게 도움을 주기 위한 벤처 사업에 집중하고 있다.

오늘 어떻게 돈을 벌었는가

질문을 오해 없이 이해해야 한다. '오늘 돈을 얼마나 벌었느냐'가 아니라 '어떻게' 벌었느냐이다.

나는 경제적인 부분에 대해 스스로 책임을 지고 있는가, 아니면 아직도 '용돈'을 받던 자세로 살아가고 있는가? 어린 시절 부모님은 우리에게 용돈을 주었다. 그리고 어른이 되면 대부분의 사람들은 사장에게 돈을 받는다. 물론 우리는 일한 대가로 회사로부터 당당하게 돈을 받아야 한다. 그러나 '받는다'라는 표현도 여러 가지 의미가 있다. '일한 것에 비해 덜 받는다' 혹은 '하기 싫은 일이지만 돈을 받아야 하니까' 등등.

여기서 묻고자 하는 것은 이와 다른 차원의 질문이다. 왜 당신의 경제적 소득에 대해 스스로 전적인 책임을 지지 않는가? 이 질문을 하는 건 당신이 충분히 일하고 있느냐고 묻기 위해서가 아니다. 내가 말하고 싶은 점은, 많은 사람들이 어른이 되어서도 자신의 활동이 경제적인 소득을 창출하는 일이라는 생각을 진지하게 하지 못한다는 것이다. 내가 하는 일이 이 사회가 만들어내는 경제적인 부의 일부라는 사실을 자각해본 적이 있는가?

그런데 왜 삶의 많은 것들 중에서 유독 경제적인 부분에 대해서 그렇게 강한 책임을 져야 하는가? 이유는 간단하다. 현실에서 우리가 자신을 향상시킬 가장 큰 힘이 경제적인 부분이기 때문이다. 간혹 인생을 잘 살고 싶지만, 그것이 꼭 성공이나 경제적인 부는 아니라고 생각하는 이들이 있다. 물론 맞는 말일수도 있다. 하지만 그 더 나은 삶도 성공과 부가 전적으로 내 책임이라는 생각을 할 때만 가능하다.

그리고 무엇보다 경제적으로 완전하게 자립하거나 자기에게 필요한 수준의 소득을 충분히 얻지 못하고 있다면, 정말 괴롭지 않겠는가? 안타깝게도 그걸 책임져줄 사람은 아무도 없다. ▪

How are you making money today?

오늘 어떻게 돈을 벌었는가?

미치 조엘

마케팅의 대가. 디지털 마케팅 및 커뮤니케이션 에이전시인 트위스트 이미지의 회장이다. 2008년 세계 100대 온라인 마케터로 선정되었으며 '마흔 이전에 엄청난 성공을 거둔 40인'에도 뽑혔다. 저서에는 《미래를 지배하는 식스 픽셀》 등이 있다.

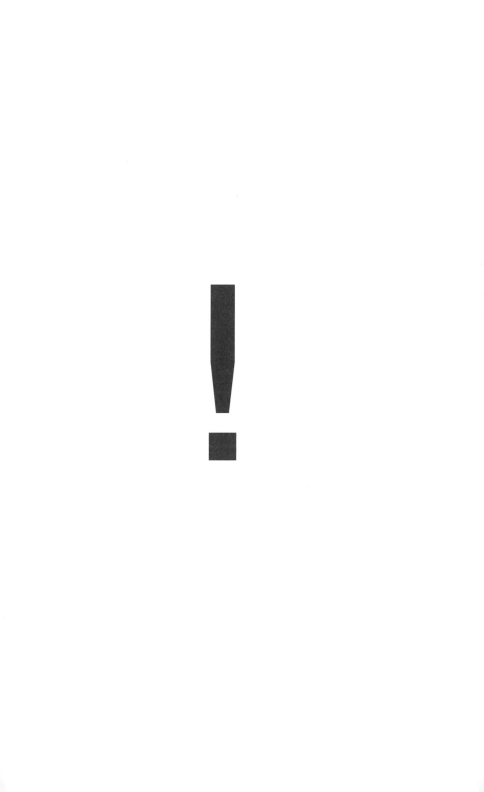

21

스테판 사그마이스터

사랑하는 사람의
거짓말에 눈감을 수 있는가

나는 진실을 말하는가?

언제나? 아니면 대부분?

특정한 상황에서는 거짓말을 해도 괜찮다고 생각하는가?

만일 그렇다면 어떤 상황에서 그러한가?

만약 친구나 가족이 나에게 거짓말을 했다면? 나는 어떻게 행동할
것인가? 사랑하는 사람이 거짓말을 했다면, 용서할 것인가? 이 질문
은 내 자신을 가장 솔직한 상태로 이끈다. 남들이 전혀 눈치채지 못한
일일지라도. ▪

Do you tell the truth?

당신은 진실을 말하는가?

스테판 사그마이스터

오스트리아 출신의 세계적인 디자이너. 빈응용미술대학교에서 순수예술 석사 학위를, 뉴욕의 프랫대학교에서 풀브라이트 장학금 수혜자로서 석사 학위를 취 득했다. 학업을 마친 뒤, 홍콩의 레오 버넷, 뉴욕 엠앤코^{M&Co.}의 크리에이티브 디 렉터로 일했다. 1993년 뉴욕을 거점으로 한 사그마이스터 주식회사를 설립한 뒤 HBO, 구겐하임 박물관 등과 일했다. 중요한 국제 디자인상을 휩쓴 그는 2008년에는《지금까지의 인생에서 내가 배운 것들^{Thing I Have Learned in My Life So far}》을 출 간했다. 1인 기업인 사그마이스터 주식회사는 파리, 취리히, 빈, 베를린, 뉴욕, 도쿄, 서울 등에서 공연을 펼치고 있는데 2012년에는 젊은 디자이너 제시카 월 시^{Jessica Walsh}를 파트너로 영입하여, 회사 이름을 사그마이스터&월시로 개명했다. 뉴욕의 시각예술대학 대학원에서 교수로 재직 중이다.

22

왜 하필 이런 습관이 생겼을까

그냥 편한 것, 이유 없이 행동하는 것이 있다. 왜 나에게는 그것이 익숙한가?

권위적인 아버지 밑에서 자란 여성이 권위적인 짝을 선택하거나, 알콜중독 가정에서 자란 아이가 어느 정도 술을 즐기는 연인을 찾는 경우가 있다. 심지어 불만족스럽고 성공과 거리가 멀더라도 우리는 익숙한 것에 집착한다. 바로 익숙하기 때문이다.

특정한 스타일을 배운 예술가들은 그 스타일이 퇴조하고 다른 스타일이 그 자리를 차지했음에도 애초에 배운 스타일에서 벗어나지 못한다. 새로운 스타일을 선택하면 성공에 더욱 가까이 갈 수 있지만 그들은 그렇게 하지 않는다.

우리는 잔디를 깎을 때 마치 잔디깎이 기계를 위한 레일이 깔려 있기나 한 것처럼 특정한 방향으로만 잔디를 깎는다. 우리는 쓸 수 없을 만큼 너무 닳은 컵, 부서지기 직전의 의자, 해진 셔츠를 여전히 좋아한다. 자주 가는 가게는 최단 거리를 택하지 않고 처음부터 찾아가던 길로만 간다. 여태껏 보고 또 본 재방송만 잔뜩 틀어주는 방송 채널도 좋아한다. 웨이터들은 같은 요일에 와서 같은 음료와 같은 음식을 주문하는 손님이 꽤 많다고 말한다.

이렇듯 우리는 모두 습관의 존재다. 습관이 본질적으로 잘못된 것은 아니다. 그러나 어째서 무엇은 습관이 되고 다른 것은 그렇지 못한가? 우리는 규칙적인 일상에 변화를 줄 수 있을까, 아니면 새로운 것에 대한 두려움 때문에 다시 친숙한 것으로 돌아올까?

후면 주차를 하고 기분이 어떤지 느껴보자. 커피 스푼을 반대 방향으로 저어보자. 모든 것을 평소에 쓰지 않는 손으로 잡아보자. 계단을 오를 때 평소와 다른 발로 시작해보자. 보기 싫다고 생각한 색깔의 옷을 입어보자. 절대 주문하지 않았던 음식을 주문하고 스스로의 반응을 살펴보자. 머리의 가르마 방향을 바꾸어보자. 주변의 누군가에게 관심 갖고 말을 걸어보자. 익숙한 것들이 낯설어질 때까지 자신의 소소한 일상에 변화를 주자. ■

Why do we prefer the familiar?

왜 우리는 익숙한 것을 선호하는가?

제임스 크록

미국의 예술가. 1951년 오하이오에서 태어났다. 관념적인 형상의 조각 작업으로 잘 알려져 있다. 또한 문화 비평가로 활발한 집필 활동을 하고 있다.

23

가장 크게 후회한 일이 있다면?

누구나 앞으로 달성해야 할 과업에 초점을 맞추는 데 대부분의 시간을 할애하고 있을 것이다. 그러나 불행히도 그 과업들이 우리가 원하는 삶을 만드는 데 도움이 된다는 보장은 없다. 나는 노인이 되었다는 가정하에 살아온 길을 돌아보는 상상을 자주 해본다.

무엇이 가장 크게 후회할 일인가?

당신이 나이가 들면 아마 이루지 못한 일, 해보고 싶었지만 달성하지 못한 일들에 대해 가장 후회하게 될 것이다. 당신의 삶을 돌아보면서, 아직 시작조차 하지 않은, 당신의 삶에 크게 기여할 일을 찾을 수도 있다.

늙고 나서야 깨닫고 후회할 일을 미리 찾는다면, 이 (잠재적으로) 후회할 일이 현실이 되지 않도록 지금 당장 시작해야 한다. 당신은 꿈을 이루기 위해 필요한 계획을 세우고 일상에 실천을 더할 수 있다.

나는 색소폰을 연주하고 싶다는 내 안의 꿈을 깨닫는 데 이 기법을 활용했다. 30대에 색소폰을 배우지 않으면 나중에 후회하리라는 것을 알고 나서 색소폰 수업을 듣기 시작했다. 13년이 지난 지금 나는 한 밴드에서 색소폰을 연주하고 있다. ▪

What is your biggest regret?

가장 크게 후회한 일은 무엇인가?

아트 마크먼

미국의 인지심리학자. 텍사스주립대학교 교수이다. 세계적 전문학술지 〈인지과학〉의 편집장, 인지과학회의 임원으로 활약했다. 150여 편이 넘는 논문을 발표했으며, 저서에는 《스마트 싱킹》 등이 있다. P&G를 비롯한 수많은 기업에서 세미나를 주최했다. 연구실을 벗어나 있을 때는 가족과 함께 시간을 보내거나, 재즈 밴드에서 테너 색소폰을 연주한다.

24

올리버 버크먼

그래, 대가는 감당할 수 있겠지?

성공하기 어려운 계획을 갖고 있거나 잘 모르는 분야에 발을 디디려 한다면 스스로에게 "이게 제대로 될까?"라고 질문하지 마라. 그 대신 스스로에게 이렇게 물어라.

이 일이 제대로 되지 않으면 얼마만큼의 대가를 치러야 하는가? 나는 그 대가를 감내할 수 있는가?

만약 두 번째 질문의 답이 '그렇다'라면 이제 당신이 알아야 할 모든 것은 단순하다. 위험 속으로 들어가는 것이다.

이것은 '손실 감수의 원칙'이다(고대 그리스와 로마 스토아학파의 금욕

주의 철학을 말하기도 한다). 이 원칙은 모든 게 잘될 거라는 희망보다는, 일이 잘못될 수도 있다는 걸 분명히 하는 데 초점을 맞춘다.

의외로 많은 경우, 우리는 스스로 가정했던 것보다 더 많은 실패를 견뎌낼 수 있음을 알게 된다. 실패에 대한 인내는 우리가 흥미진진하고도 만족스러운 프로젝트를 추진할 수 있도록 만든다. 하지만 가끔은 진정으로 실패를 감내할 수 없다는 결론에 이를 수도 있다. 하지만 그 역시 괜찮다. 질문하는 과정에서 일이 어떠했어야 한다는 아쉬움에 대한 집착으로부터 자유로워질 수 있다. 어느 쪽이든 실패의 가능성을 내다보는 선명한 시선만이 여유롭게 앞으로 나아갈 힘을 줄 수 있다.

개인적으로 대중 앞에서 강연해야 하는 상황에서 이 질문이 매우 유용하게 쓰였다. 많은 강연자들이 대중 강연을 심각하게 받아들인다. 실제로 대중 강연이 죽음보다 무섭다고 말하는 사람도 있다. 나도 예전에는 강연에 대해 커다란 중압감을 느꼈다. 그러나 대중 강연에서 일어날 수 있는 최악의 상황은 내가 바보처럼 보이는 것밖에 없다. 물론 바보처럼 보여서 좋을 건 없다. 하지만 재앙에 가까운 일도 아니고 죽음만큼 나쁜 일도 아니다. 이 질문을 거치면서 나는 대중 강연에 대해 달리 접근하게 되었다. 지금의 나는 예전처럼 대중 강연을 앞두고 고민하지 않는다. ▪

What would the costs be if it did not work out?

And could I tolerate those costs?

이 일이 제대로 되지 않으면 얼마만큼의 대가를 치러야 하는가?

나는 그 대가를 감당할 수 있는가?

올리버 버크먼

영국의 논픽션 작가. '영국의 말콤 글래드웰'이라 불린다. 케임브리지대학교에서 정치사회학을 전공했으며, 10여 년 넘게 〈가디언〉의 기자로 일했다. 2002년 외신기자협회가 주는 올해의 젊은 기자상을 수상했으며, 영국에서 뛰어난 정치 저작물에 수여하는 오웰상의 최종 후보에 오르기도 했다. 저서에는 《합리적 행복》, 《행복중독자》 등이 있다.

25

이안 로버트슨

무엇이 나를 자극하는가

무엇이 나를 움직이게 만드는가? 무엇이 아침에 눈뜬 나를 침대에서 나오게 만드는가? 다음 도전을 끝내기 위한 열정인가? 친한 친구를 만난다는 기쁨인가? 아니면 이 세상에 나의 족적을 남길 만한 영향력을 향한 열망인가?

탁월한 심리학자인 데이비드 맥크릴랜드는 인간 행동의 세 가지 기본적인 동기를 성공에 대한 욕구, 소속에 대한 욕구, 힘에 대한 욕구라고 보았다. 무의식의 영역에 속하는 이 세 가지 욕구는 우리의 개인적인 삶과 직업 세계를 이끌어가는 매우 중요한 동인이다.

그러나 우리의 삶, 특히 사회생활과 우리의 욕구는 잘 맞지 않는 경우가 많다. 하나씩 살펴보자. 먼저 소속에 대한 욕구이다. 예를 들어 좋은 윗사람이 되고자 한다면 남들이 자기를 좋아해주기를 바라는 욕구가 너무 강해서는 안 된다. 소속과 교류에 대한 지나친 욕구는 판단을 흐리게 하고 힘든 결정을 내리는 데 걸림돌이 된다. 또한 당신이 내린 결정이 기본적인 내적 동기와 충돌하기 때문에 수많은 스트레스를 겪어야 한다. 만약 이 스트레스가 심한 수준으로 지속된다면 두뇌는 무뎌지고 이에 따른 추가적인 스트레스를 받을 수 있다. 악순환이 거듭되는 것이다.

그렇다면 당신은 다른 사람의 호감을 얻기 원하는 자신의 욕구가 골칫거리가 아닌 자산이 될 만한 직업을 새로 얻어야 하지 않을까?

둘째, 힘에 대한 욕구를 살펴보자. 좋은 윗사람은 권력에 대한 욕망을 어느 정도 가져야 한다. 권력은 다른 사람들이 원하고 두려워하는 것들을 지배할 수 있는 힘이다. 아주 작은 권력이라도 사람을 영리하고 대담하게, 덜 우울하게 만든다. 다만 우리가 건강하고 너무 벅차지 않은 권력에 대한 욕망을 가질 때만 가능한 일이다.

다른 말로 하면 권력은 강력한 리더십 약물이다. 그러나 다른 모든 약들과 마찬가지로 남용하면 중독에 이르고 파괴적으로 변할 수 있다.

당신은 권력에 대한 욕망을 가지고 있는가? 권력에 대한 욕망을 가진 사람들은 동시에 '킬러 본능'을 보이는 경향이 있다. 그들에게 승리는 기쁨이고 실패는 스트레스를 가져오기 때문이다. 그러나 권력에 대한 욕망이 별로 없는 사람들에게는 반대 현상이 나타난다는 것도 사실이다. 그들에게는 승리도 스트레스로 다가오기 때문에, 사업이나 스포츠에서 승리의 순간이 다가오면 무의식적으로 스스로를 방해한다. 이들은 시합에서 이길 때 생기는 지배력이 불편한 것이다.

모든 조직에서 볼 수 있는 권력에는 진짜 위험이 존재한다. 만약 상사가 다른 사람들이 생각하기에 부적절한 권력을 가지고 있다면, 그런 상사 밑에는 고통받는 부하 직원이 있을 확률이 높다. 우리의 우두머리들이 어떻게 권력을 활용하는가에 따라 우리의 삶은 매우 행복해질 수도 있고 끔찍한 재앙이 될 수도 있다. 당신의 어깨 위에 얹힌 권력은 어떤가? 만약 당신에게 별 권력이 없다면 외부의 권력은 당신에게 어떤 영향을 미치는가?

마지막으로 성공에 대한 욕구는 어떠한가? 당신이 좋아하든 싫어하든 지니고 있는 권력과는 별도로, 우리는 인정과 성공에 대한 욕망을 갖고 있다. 이 글을 읽는 사람들의 대부분은 높은 수준의 성취욕을 가지고 있을 것이다. 이는 아주 훌륭한 일이다. 동기는 성공의 경제학에서 주요한 심리학적 요인이다.

그렇다면 당신은 어떤 종류의 성취욕을 갖고 있는가? 성취욕은 당신이 내적인 보상에 의해 동기를 부여받았는가, 아니면 외적인 보상에 의해 동기를 부여받았는가 하는 점이 매우 중요하다.

예를 들어 새로운 도전에 대한 정복이나 기술의 습득과 같은 즐거움이 아니라 오로지 지위나 돈 때문에 성공하려 한다면 외부적인 보상이 이루어지지 않을 때 더 추락하기 쉽고 상처를 받게 된다. 만약 외적 보상이 이루진다고 해도 외적 보상의 효과는 오래가지 못한다. 또한 동기 부여의 요인으로 남으려면 보상의 크기가 끊임없이 증가해야 한다. 그중에서 돈은 가장 강력한 외적 동기이다. 하지만 만약 오로지 돈만을 동기로 삼는다면 당신은 결코 충분히 만족할 수 없을 것이다.

따라서 당신 삶에서 무엇이 당신에게 동기를 부여하는지 알고 이 동기 부여 요소와 당신이 현실에서 하고 있는 일의 간극이 크지 않도록 해야 한다. ▪

What motivates you?

무엇이 당신을 자극하는가?

이안 로버트슨

인지신경과학자. 신경심리학 분야의 세계적인 권위자로 더블린에 있는 트리니티 칼리지에서 심리학 교수로 재직 중이다. 또한 캐나다 토론토에 있는 로트먼 연구소의 객원과학자이자 아일랜드왕립아카데미 회원으로 그동안 250여 편의 과학 논문을 발표했다. 그가 집필하거나 편집한 10여 권의 과학 서적 중 다수가 인지재활 분야의 교과서로 뽑힐 만큼 유명하다. 저서에는 《상상하라 그대로 이루어진다》, 《승자의 뇌》 등이 있다.

26

리즈 와이즈먼

나는 능숙한 사람인가?
진부한 사람인가?

잠시 하던 일을 멈추고 내가 지금 하고 있는 일의 난이도를 생각해보
라. 아마 다음의 두 가지 중 하나일 것이다.

❶ 이미 할 줄 아는 익숙하고 편안한 일?
❷ 잘 알지 못하고 경험하지 못한 어렵고 새로운 일?

근본적인 질문은 이것이다.

나는 지금의 익숙함에서 벗어난 범위의 일을 얼마나 자주 하는가?
어떤 일이, 어떤 책임감이 나를 편안하고 익숙한 현실에서 벗어나게
만드는가? 어떤 일이 더욱 급격한 배움의 욕구로 인도하고 새로운 능

력을 배양하는가?

우리가 잘 알고 있고, 심지어 장인에 가까운 솜씨를 발휘하는 분야일수록 우리는 태만해진다. 너무 잘하기 때문에 이미 알고 있던 수준에서 벗어나지 못하고 사고의 영역이 제한될 수 있다. 빠르게 변화하는 환경에서 안타깝게도 우리의 능력은 쉽게 진부한 수준으로 전락할 수도 있다. 심지어 환경과 맞지 않는 부적응 수준으로 전락할 수도 있다.

반면에 사람들은 종종 새로운 일이나 익숙함의 범주에서 벗어난 일을 할 때 최고의 능력을 발휘하기도 한다. 우리가 편안함을 느끼는 익숙한 일에서 벗어나면 더욱 빠르게 배울 수 있고 새로운 도전에 대처하는 즐거움을 느낄 수 있다는 것은, 의심할 필요 없는 사실이다.

잠시 멈추어보라. 지금 하는 일이 익숙한 것인지, 능숙한 것인지. 아니면 진부한 것인지, 낡은 것인지 생각해보라. 이는 아마도 당신이 뭔가를 잘하게 되면 될수록, 더 자주 물어야 하는 질문이 될 것이다. ▪

Liz Wiseman's Question

How often are you working outside of your current comfort zone?

지금의 익숙함에서 벗어난 일을 얼마나 자주 하는가?

리즈 와이즈먼

세계적인 리더십 개발 센터인 더와이즈먼그룹의 회장으로 전 세계 경영자와 기업 임원을 대상으로 컨설팅 활동을 하고 있다. 애플, 마이크로소프트, 나이키, 갭 등 글로벌 브랜드 컨설팅은 물론 예일, 와튼스쿨 등 교육 현장을 변화시키는 데도 일조하고 있다. 저서에는 《멀티플라이어》 등이 있다.

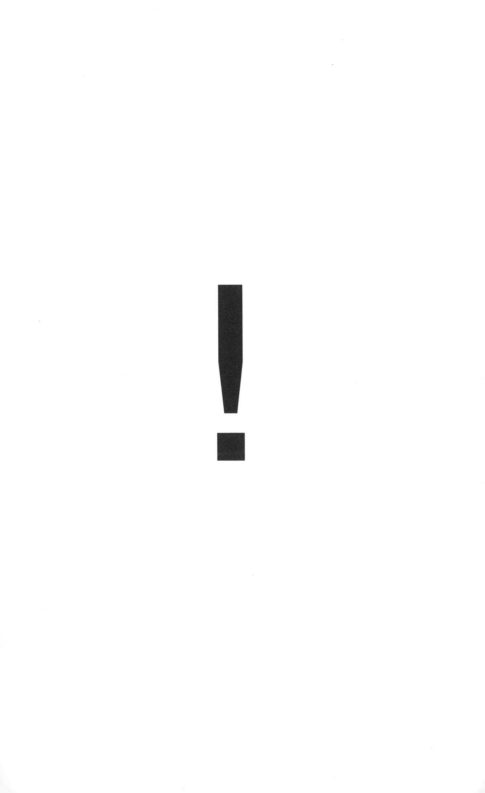

27

안드레아 쿠제프스키 & 에두아르도 살세도알바란

깨고 싶은 규칙을 찾았다면,
그 이유는?

우리는 아주 어릴 때부터 가족과 학교, 종교를 비롯한 수많은 사회 조
직의 규칙에 따라야 한다고 배웠다. 이 규칙의 대부분은 관습이다. 관
습이란 인간 행동에 관한 정보를 제공하는 데 중요한 역할을 한다. 즉
개인이 자기 행동의 기준을 세우고 타인과 조화를 이루기 위한 지침이
된다. 그렇기 때문에 유년기를 지나 어른이 되면 과연 무엇이 적절한
행동인지 그리 걱정할 필요가 없다. 관습으로부터 배우기 때문이다.
그러나 어린아이들은 이미 만들어진 기대와 행동의 범위와 목록을 아
무 생각 없이 항해하는 존재다. 때문에 '해라, 하지 마라'라는 소리를
끊임없이 듣는 것이다.

　나이가 들면 또 다른 종류의 규칙을 배우게 된다. 이 규칙은 결코 어
기면 안 된다. 개인적인 의견이 어떠하든 간에 당신이 이 규칙을 어긴

다면 그 결과에 대한 책임이 따른다. 그것은 바로 법이다. 어릴 때 선생이나 부모가 제시한 규칙을 깬다면 아마도 얼마나 어떻게 벌을 받을지 조정할 수도 있다. 그러나 엄정한 사법 체계를 갖고 있는 사회에서 법을 어기면 용서받을 수 없고 처벌에 대한 협상도 불가능하다. 비록 당신 생각에는 법이 멍청하고 비합리적일지라도 여전히 당신은 그 법을 따라야 할 개인이다. 따라서 당신은 이렇게 생각할지도 모른다. '법과 규정을 지켰으니 이제 다 되었다.'

그런데 어느 순간, 또 다른 급진적인 메시지를 듣게 된다. 상자를 벗어나라! 다르게 생각하라! 세상을 바꿔라! 창의적으로 하라!

여기서 잠깐, '창의'는 곧 규칙의 파괴다. 그러나 이제까지 규칙을 따르라고 배우지 않았던가? 여기에 근본적인 문제가 있다. 우리는 이제 규칙에 대한 복종과 파괴를 동시에 요구받고 있다. 이 문제는 우리에게 도덕적 딜레마를 안겨준다. 우리는 새로운 아이디어를 발전시키기 위해 규칙을 파괴해야 하는가? 아니면 사회 발전이 지체된다고 해도 착한 시민이 되기 위해 규칙을 따라야 하는가? 물론 권위에 의문을 던지지 않고, 현 상황에 저항하지 않는 것이 더 쉬운 길이다. 그러나 규칙에 대한 맹목적 충성으로 인해 치러야 할 희생은 무엇일까?

역사에서 가장 큰 영향을 끼친 사상을 살펴보면 관습과 법, 심지어는 신법神法까지 거의 모든 분야에서 규칙의 파괴가 이루어졌다. 지구가 우주의 중심이 아니라는 믿음, 인간이 신에 의해 창조된 게 아니라 인류의 조상으로부터 진화했다는 이론 등은 곧 신법의 파괴를 의미했다.

엄밀하게 말하면, 이처럼 인간 지식의 경계를 넓히고 새로운 가능성을 연 위대한 정신은 수많은 규칙을 깨버렸다. 어떤 경우에는 성공과 명성을 얻었고, 또 다른 경우에는 비판과 고난이 닥쳐와 그들이 죽은 뒤 한참 후에나 인정받기도 했다. 그것이 과학이든 기술이든 사상이든 간에 모든 혁명은 현실에 도전하고 규칙을 파괴한 사람들로부터 시작되었다. 인류를 진보시키기 위해 고통받는 것이 가치 있는 일일까? 그들은 그러하다고 생각했다.

이 세상에 충격을 주고 싶다면 규칙 파괴는 필수이다. 만약 모든 사람이 모든 규칙을 준수하고 정해진 틀에서 한 발자국도 벗어나지 않는다면 이 세상에 진보란 없다. 그렇다면 질문의 초점은 규칙 파괴 여부가 아니라, 어떤 규칙을 무슨 조건에서 깰 것인가에 맞추어져야 한다. 특정한 규칙의 파괴에 대한 필요성과 가치는 그 행동이 이루어진 상황에 따라 결정된다.

예를 들면 법적 허가 없이 인간에 대한 실험을 자행한 과학자는 감옥에 갈 수 있지만, 그 실험이 궁극적으로 많은 사람들을 살렸다면 어떻게 할 것인가? 인류의 빈곤을 해결하기 위해 합성 식품을 만들었는데 결과적으로 그 식품이 인류 건강에 부정적인 영향을 미쳐 더 많은 사람들의 건강을 해친다면?

누군가는 정부의 비밀을 폭로하는 길을 택할 수도 있다. 이것은 명백한 법 위반이다. 그러나 정부의 비리는 비밀 폭로보다 더 불법적일 수도 있다.

각각의 환경을 고려하여 평가함으로써 우리는 이러한 창의적 실천에 대한 가치와 허용 정도에 대해 더 나은 견해를 갖게 된다.

어떤 규칙은 파괴될 수도 있다. 어떤 것들은 반드시 파괴되어야 한다. 이렇게 복잡하고 어지러운 세상에서 각각의 상황이 어떤 범주에 속하는지 스스로 결정하는 길이란 결코 쉬운 게 아니다. 우리가 스스로에게 던져야 하는 질문은 이러하다. 나는 왜 이 규칙을 깨야만 하는가? 누가 혜택을 받는가? 누가 피해를 볼 것인가? 이 행동의 결과가 순수한 사회적 이익을 가져다주는가? 아니면 그저 '순수한 재미'에 불과한가? 잠재적인 이익은 무엇이고 이 규칙들을 파괴한 결과는 어떤 것인가? 만약 이 규칙으로 인해 발생하는 잠재적 해악을 알게 되었다면 이 규칙을 파괴하지 않았을 경우의 결과는 무엇인가? 이 질문들의 답은 행동의 가치와 필요성을 결정한다.

창의성은 그 자체로는 자애롭거나 악의적인 존재가 아니다. 창의성이 발현되는 상황이 생각과 행동의 필요성과 가치를 결정하는 가장 중요한 부분이다. 그리고 우리는 실수할 수밖에 없는 운명이다. 하지만 세상은 우리가 앞으로 나아가기를 원한다. 이런 점에서 스스로에게 질문하기를 멈추어서는 안 된다. 나는 오늘 어떤 규칙을 깰 것인가? ▪

Andrea Kuszewski & Eduardo Salcedo-Albarán's Question

What rule do I want to break today?

오늘은 어떤 규칙을 깰까?

안드레아 쿠제프스키

미국의 윤리와 신기술 연구소 겸임연구원이자, 정책 결정을 위한 국제적인 연구 그룹인 보텍스^{VORTEX}에서 활동하고 있다. 인간 행동의 이면에 있는 신경 인식 요소에 관해 연구하며, 창의력, 지능, 반사회적 장애, 극단적 이타주의와 같은 주제를 다루고 있다. 또한 디지털 페인팅, 그래픽 디자인, 행동 과학 등을 접목한 다양한 미술 활동을 하고 있다.

에두아르도 살세도알바란

콜롬비아의 철학자이자 사회학자. 보텍스의 설립자이며 책임자이다. 인공지능, 신경과학, 사회관계망 분석을 활용한 국제 조직범죄, 정부 부패, 마약 거래 등의 연구를 진행하고 있다. 콜롬비아 대통령 안보기관의 고문으로도 활동했으며, 이후 국제투명성기구, 중앙아메리카 공공안전기구에서 일했다. 다수의 책과 논문을 발표했으며 세계적으로 중요한 실천적인 지식인이다.

28

다나 보이드

뇌가 쉬어봤던 게 언제였더라?

나는 매년 한 달 동안 모든 것과 완전히 단절된 채 트레킹을 간다. 이 여행의 목적은 전적으로 '지루해지기' 위한 것이다. 이렇게 하면 낡아진 관점을 새롭게 정비한 채 퍼즐과 도전의 기존 세계로 다시 돌아올 수 있다. 의도적으로 탈출할 공간을 만들지 않으면 정신적, 감정적으로 판에 박힌 상태에서 벗어나지 못할 것이다. ▪

When's the last time you took a break from
your daily routine and allowed your brain to truly,
completely refresh?

반복되는 일상에서 탈출해서 내 머리를 진정, 완전히 새롭게 한 게 언제였지?

다나 보이드

소셜미디어 학자. 마이크로소프트 리서치 연구원, 뉴욕대학교의 미디어·문화
·커뮤니케이션 분야의 연구 조교수, 하버드대학교 버크먼 센터 연구원 등으로
일하고 있다. 테크놀로지 분야에서 가장 영향력 있는 여성 중 한 명으로 꼽힌다.

나만의 기술이 있나

당신을 뛰어난 사람으로 만드는 기술을 생각해보라. 과학 기술, 대인 관계의 기술이나 운동 기술일 수도 있다. 이제 당신이 모르는 사람들을 위해 그 기술을 사용할 방법을 생각해보라. 그리고 질문을 던져라.

나는 그러한 일을 하고 있는가? 그렇지 않다면 그 일을 하기 위해 나는 어떤 위치에 있어야 할까?

누구나 잘하는 일이 한 가지는 있다. 하지만 사람들은 자신이 잘하는 것은 잊고 돈을 더 많이 벌거나 쉽게 가질 수 있는 것, 심지어 친구나 가족이 이래야 한다, 저래야 한다고 말하는 것에 더 초점을 맞춘다. 잘하고 좋아하는 일을 바탕으로 삼은 전문 기술이야말로 훨씬 오랫동안 더욱 큰 영향력을 발휘할 것이다.

내 경우 인간의 행동 방식에 대한 이해가 나의 기술이 되었다. 테크놀로지를 이용하여 더 많은 사람이 가질 수 있고 그 이상의 일을 이루어줄 장치를 만들었다. 나는 사람들과 함께 일하고 그들을 이해하는 일을 좋아한다. 나는 대화를 통해 사람들에게 필요한 것이 무엇인지 발견하기도 하고, 사람들과 접속할 수 있는 좀 더 유용한 방식에는 어떤 것이 있는지 파악한다. 그렇게 인간을 연구함으로써 개인, 또는 대중을 위해 무엇을 만들 수 있는지를 고민한다. 그리고 긍정적인 방식으로 사람들에게 영향을 줄 수 있는 것을 만드는 일이 중요하다는 사실을 깨달았다.

핵심은 이것이다. 나를 두드러지게 만들고 내가 잘하는 '그것'을 찾아야 한다. 나 또한 스스로를 대변할 수 있는 '그것'을 찾기까지 어느 정도 시간이 걸렸다. 하지만 일단 발견한 뒤에 그것을 이용했고, 그 이후로는 굉장한 길을 걸어왔다. ▪

Am I doing this?

If not, how can I position myself so that I can be

doing this?

이 일을 하고 있나? 안 하면 어떻게 될까?

이 일을 하려면, 나는 어떤 위치에 있어야 할까?

요키 마츠오카

네스트 사의 테크놀로지 부사장이며, 네스트 온도 조절장치에 대한 사용자 경험과 학습 분야의 책임을 맡고 있다. 워싱턴대학교에서 컴퓨터과학 및 엔지니어링 부교수, 뉴로보틱 연구소 소장, 감각운동 신경 공학 센터 소장으로 재직했다. 신경과학과 로봇공학을 결합하여 더욱 현실적인 인공기관을 만들기 위한 연구를 했는데, 마츠오카는 이러한 자신의 연구 분야를 혼성 '뉴로보틱'이라고 불렀다. 2007년 맥아더상을 수상했다.

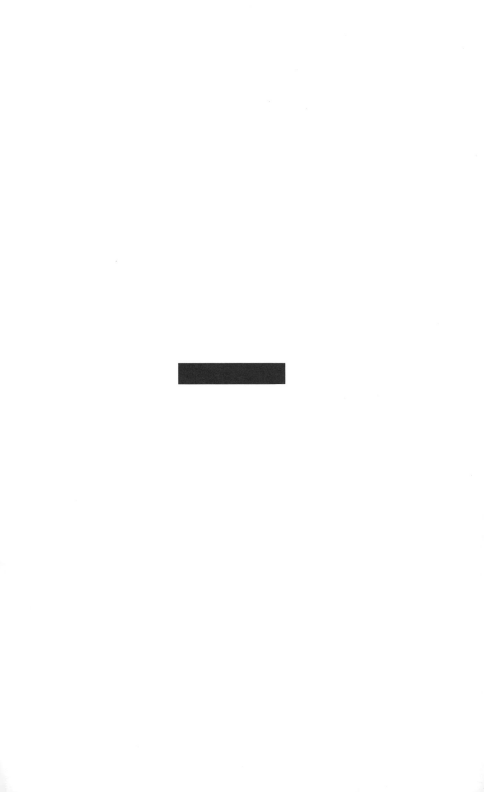

다른 사람들은 나를
어떻게 표현할까

누구나 자신의 의도와 영향력을 일치시키기 위해 최선을 다한다. 우리는 자주 생각한다. '다른 사람에게 어떤 영향력을 주고 있는가?' 그런데 그와 같은 노력이 잘 이루어지고 있는지 어떻게 알 수 있을까? 그걸 알아내기 위해서는 다음과 같은 질문을 던져보라.

❶ 나와 함께 있는 사람들을 떠올려보자. 그 사람들은 나와 관련해 어떤 경험을 했을까? 그 사람들에게 나와 관련한 경험을 형용사 3개로 묘사해달라고 부탁한다고 가정하자. 그들은 어떤 형용사를 사용할까?

❷ 나와 함께 있을 때 그 사람들은 스스로 어떤 경험을 하게 될까? 나

와 함께하는 경험을 묘사할 때 그들은 어떤 형용사를 사용할까?

❸ 나와 함께 일하는 사람 중 몇 퍼센트가 나를 신뢰할까? 그들이 나를 신뢰한다는 어떤 증거를 갖고 있는가? 나를 신뢰하는 사람들을 늘리기 위해 어떤 조치를 취할 수 있을까? 아이디어 3개를 적어보자.

신기하게도 꼭 다른 이들로부터 대답을 듣지 않는다고 해도, 이 질문을 떠올리는 것만으로도 스스로가 많은 생각을 하게 될 것이다. 얼굴이 화끈거릴 수도 있고, 수치심을 느낄 수도 있다. 혹은 뿌듯해지고 자신감을 얻을 수도, 용기가 생길 수도 있다. 그리고 무엇보다 잊어버리고 있었던 '내가 갖고 싶었던 영향력'을 향해 가는 길을 다시 한 번 떠올리게 될 것이다. ▪

Linda A. Hill's Question

What is your impact on others?

다른 사람에게 어떤 영향력을 주고 있는가?

린다 힐

하버드 경영대학원 교수이자, 하버드 경영대학원 리더십 이니셔티브의 의장이다. 브라이언모어대학교 심리학과를 최우등으로 졸업한 후 시카고대학교에서 교육심리학 석사와 행동과학 박사 학위를 받았다. 리더십과 조직행동론을 필수 교과 과정으로 개설하는 데 핵심적인 역할을 했다. 세계 각지의 기업들과 함께 일하고 있으며 리더십 분야의 세계적 학술지 〈계간 리더십〉의 편집위원으로 활동하고 있다. 저서에는 공저인 《보스의 탄생》 등이 있다.

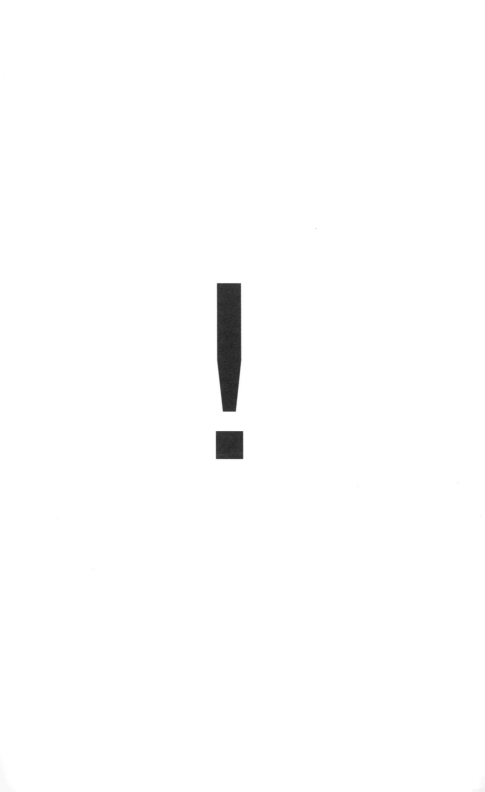

주디스 리치 해리스

어디 증거를 대봐

1994년까지 나는 발달심리학 분야의 저명한 권위자들이 남긴 족적을 맹목적으로 따라다녔다. 그들의 기초적인 가설에 대해 일말의 의심도 하지 않은 채 말이다. 마침내 내가 그들의 가설에 질문을 던지기 시작했을 때, 이런 의심을 품기까지 왜 이렇게 오래 걸렸는지 의아했다.

어떠한 존재와 현상에 대해 자신 혹은 타인을 설득하고자 할 때는 먼저 스스로에게 이렇게 질문해보자.

나는 이것을 왜 믿나?
어려서부터 그렇게 배웠기 때문인가?
존경받는 사람에게 그렇게 들었기 때문인가?

내 친구들이 다 그렇게 믿기 때문인가?

다시 스스로에게 물어보자.

그게 진실인지 어떻게 아는가? 증거가 있는가? ▪

How do I know that it is really true?
What is the evidence?

그게 진실인지 어떻게 아는가? 증거가 있는가?

주디스 리치 해리스

미국의 아동 심리학자. 부모가 아동 발달에 가장 중요한 요인이라는 믿음을 비판하고 반박하는 증거들을 제시한 책《양육 가설 The Nurture Assumption》로 유명하다. 20대 초부터 전신성 경화증을 앓았는데, 이로 인해 연구는 집에서만 가능했다. 저서《개성의 탄생》또한 기존 심리학계의 연구를 뒤집는 성과로 큰 주목을 받았다. 미국심리과학협회와 미국 대학 우수 재학생 및 졸업생 사교모임인 '파이 베타 카파'의 회원이다. 2007년에는 〈부모의 선택 - 무모증과 피부색의 진화로 보는 제3의 선택 과정〉이라는 의학 논문으로 데이비드 호로빈상을 받았다.

테러 지역에 있다면,
누구에게 기도할 것인가

당신은 지금 칠흑 같은 밤에 예멘의 한 산길을 지나고 있다. 그리고 도
저히 운전이 불가능해 보이는 노인이 당신이 타고 있는 차를 운전하고
있다. 이 지역은 외국인 납치로 유명하다. 길 한쪽은 절벽이고 비가 내
리고 있다. 차는 가파른 비탈을 미끄러지듯 달린다. 집들이 점점이 흩
어져 있고 커다란 고대 유적에 둘러싸인 이 지역을 앞으로 여섯 시간
은 더 달려야 일상으로 돌아갈 수 있다. 당신은 이 나라를 떠날 기회를
잡아야 한다.

이럴 때 당신은 무엇을, 누구를 가장 먼저 챙겨야 하나? 당신은 누
구에게 기도할까? 만약 기도를 하지 않는다면, 이 순간에 평온을 찾기
위해 어떤 일을 할 것인가? 이 상황을 벗어난다면 당신은 무엇을 할

것인가? 당신은 어떻게 기억되길 바라는가?

이런 질문을 던지는 이유는 내가 바로 이런 상황에 처해 있었기 때문이다. 2001년 9월 11일 테러가 일어나기 5주 전, 나는 내 생애 가장 혼란스럽고 파괴된 장소에서 탈출하기 위해 필사의 노력을 하고 있었다. 나는 너무나 무기력했고, 그다음을 생각할 수 없는 상태였다. 죽음에 대한 두려움에 필사적으로 집중하고 있었다. 자, 이제 만약 당신이 외국에서 어느 격변의 한가운데 갇혀 탈출이 불가능한 상황에 처했다면, 당신의 마음과 영혼을 어디에 의탁할 것인가? ▪

Whom do you pray to?

누구에게 기도하는가?

피코 아이어

인도 출신의 영국 저널리스트이자 작가이다. 그의 아버지는 옥스퍼드에서 철학을 가르쳤는데, 피코 아이어라는 특이한 이름은 불교적 영향으로 지어진 것이다. 1986년부터 〈타임스〉에서 필자로 활동했으며 〈하퍼스〉, 〈뉴욕 북리뷰〉, 〈뉴욕 타임스〉 등 수많은 매체에 정기적으로 글을 기고했다. 북한을 비롯해 전 세계 곳곳을 다닌 여행 작가로도 유명하다.

진심으로 원하는 게
무엇인지 알고 있나

가장 원하는 일이 무엇인지를 아는 것은 인생에서 제일 중요한 일이다. 이것이 무엇인지 알아야만 삶을 생산적이고 충만하게 이끌어갈 수 있다. 그런데 안타깝게도 누군가가 가장 원하는 일이 무엇인지 알아내는 이 질문에 답하는 것은 매우 힘들다.

진심으로 원하는 게 무엇인지 알고 있나?

이 질문의 답을 위해서 무엇보다 사람들이 당신에게 기대하는 것은 잊어야 한다. 자신의 '본질적인 동기'로 돌아가야 한다. 여기에는 높은 수준의 내적 독립성이 필요하다.

우리가 하고자 하는 일의 의미는 다음과 같은 표현과 관련이 있다. "취미를 직업으로 만들어라. 다시 직장으로 돌아갈 필요가 없게 만들어라." 여기에서 '진정 원하는 것'이 어디에서 오는 것인지 알 수 있는가? 그 뿌리는 유전적일 것일 수도 있고 유아기의 경험에 기인할 수도 있다. 혹은 부모나 다른 롤 모델, 혹은 경쟁자로 인해 생겨났을 수도 있다. 이러저러한 다른 요인들이 작용할 수도 있다. 이에 대한 정확한 이론적 기초를 알아내기는 힘들다. 그러기에 우리는 진정 원하는 게 무엇인지를 가리기 위해 부딪쳐보아야 한다.

만약 내가 망설임 없이 줄 수 있는 충고가 있다면 이것이다. 진짜 하기 싫어하는 것이라면 바로 포기해라. ▪

Do you know what you really want?

진심으로 원하는 것이 무엇인지 알고 있나?

헤르만 지몬

'히든 챔피언' 개념의 창시자로 '유럽의 피터 드러커'라 불린다. 독일이 낳은 경영학계의 석학으로, 전 세계 고객을 대상으로 컨설팅 서비스를 제공하는 지 몬-쿠허&파트너스의 설립자이기도 하다. 독일의 쾰른대학교와 본대학교에서 공부했으며, 1995년까지 독일 마인츠대학교와 빌레펠트에 있는 대학교에서 마 케팅과 경영학과 교수를 지냈다. 이외에도 하버드 경영대학원, 스탠퍼드대학 교, MIT, 런던비즈니스스쿨, 게이오대학교 등 수많은 학교와 기관의 객원 교수 를 역임했다. 또한 〈하버드 비즈니스 리뷰〉, 〈매니지먼트 사이언스〉, 〈파이낸셜 타임스〉, 〈월스트리트 저널〉 등 유수의 비즈니스 관련 매체 및 학술지에 글을 기 고하고 있다. 저서에는 《히든 챔피언》을 비롯하여 《이익창조의 기술》, 《승리하 는 기업》, 《경영 통찰력》 등이 있다.

34

어디서 실패했지?

하루하루 스스로에게 반복적으로 던져야 할 질문은 이것이다.

나는 어디서 실패했는가?

당신이 관련되어 있는 일이 어떤 종류이든, 그 일을 완벽하게 완수하지 못할 기능성은 널려 있다. 하지만 스스로에게 왜 완벽한 일처리에 실패했는지 날카롭고 겸손하게 질문해보면서 우리는 더 나은 결과를 만들어낼 수 있다.

일을 제대로 끝내지 못한 것도, 불완전한 결과를 가져온 것도 본인의 실패라고 솔직하게 인정해야 한다. 이를 바탕으로 필요한 게 무엇인지를 정확하게 규명해야 결점을 보완할 수 있다. 이는 아직은 완벽하지 못하지만 더 나은 결과를 얻어낼 수 있는 유일한 방법이기도 하다.

물론 궁극적인 완벽함에 도달하기는 힘들다. 그러나 반복적으로 '나는 어디서 실패했는가?'라는 질문을 던지면서 우리는 더 많은 결점을 찾아낼 수 있고, 이런 반복적인 과정을 통해 완벽에 가까워질 수 있다. 또한 매우 만족스러운 결과를 얻을 수도 있다. 그래서 나는 규칙적으로 스스로에게 물어본다. "어디서 실패했는가?"

당신은 많은 종류의 일에 이 질문을 적용할 수 있다. 예를 들어 당신이 보고서를 쓴다면, 그 초안은 읽을 만한 수준도 아니고 단순한 내용일 것이다. 초안에 제대로 된 비판의 시각을 들이대면 당신의 텍스트가 더욱 효과적인 텍스트가 되는 데 실패한 부분을 알아낼 수 있을 것이다. 부적절한 단어를 선택했을 수도 있고 불필요한 문장을 적었을 수도 있다. 논리가 부족했을지도 모른다. 특정한 결점이 규명되면 이 결점을 제거하는 것이 새로운 목표가 되어야 하고, 고친 원고에는 다시 새로운 비판적 시각을 접목해야 한다. 이 과정은 당신이 던진 '내가 어디서 실패했는가?'라는 물음에 대한 답이 된다. 이 질문은 '어디에도 실패 지점이 보이지 않는다'를 솔직하게 말할 수 있을 때까지 지속되어야 한다. ▪

Where have I failed?

나는 어디서 실패했는가?

헨리 페트로스키

미국의 저명한 공학 칼럼니스트이자 디자인계의 구루. 1963년에 맨해튼 칼리지를 졸업하고, 1968년에 일리노이대학교에서 박사 학위를 받았다. 텍사스대학교를 거쳐 1980년부터는 듀크대학교 교수로 재직하고 있다. '테크놀로지의 계관 시인'이라는 별칭답게, 기술적 고안물에 대한 치밀하고 방대한 조명 및 역사적 접근으로 저술 분야에서 일가를 이루었다. 일상 속 사물들의 역사와 공학적 의미, 디자인의 유래에 대해 경쾌하게 풀어낸다는 평가를 받고 있다. 주요 학술지에 70편 이상의 논문을 기고했으며, 기계공학과 디자인 관련 논문이 다수를 차지한다. 《디자인이 세상을 바꾼다》, 《이 세상을 다시 만들자》, 《연필》, 《포크는 왜 네 갈퀴를 달게 되었나》, 《디자인이 만든 세상》 등의 저서가 있다.

35

안전지대에서
벗어나본 적이 있는가

인간은 변화를 좋아하지 않는다. 익숙한 것을 좋아한다. 하지만 새로운 것을 대상으로 실험해야만 개인은 물론 인류가 발전할 수 있다. 스스로에게 이런 질문을 던져보자.

나 자신을 불편하게 만들 새로운 것을 자주 시도하고 있는가? 최근 안전지대에서 크게 벗어날 만한 일을 시도했다면, 그게 무엇인가?

나 자신만 보더라도 궁극적으로 새로운 것을 대상으로 실험한 덕에 비즈니스 모델 캔버스the Business Model Canvas를 개발하고 성공적으로 개시할 수 있었다. 매주, 매달, 매년 안전지대에서 벗어나지 않았다면 지금의 나는 없었을 것이다. ▪

Ask yourself if you are trying out new things that
make you uncomfortable often enough.
What have you recently tried that puts you way
beyond your comfort zone?

당신을 불편하게 만드는 새로운 일을 자주 시도하는가?

최근에 안전지대에서 크게 벗어날 만한 일을 시도해본 적 있는가?

알렉산더 오스터발더

비즈니스 모델 혁신이라는 주제를 가지고 집필, 강연, 컨설팅 등 다양한 활동을
펼치고 있다. 그가 예스 피그누어 Yves Pigneur 박사와 함께 개발한 혁신적 비즈니스
모델은 3M, 에릭슨 등 전 세계 다양한 분야의 기업에서 활용되고 있다. 45개 국
가 470명의 협력자와 함께 공동 저술한 《비즈니스 모델의 탄생》은 세계적인 베
스트셀러에 오르기도 했다. 〈포춘〉이 선정한 500대 기업에서 비즈니스 모델과
관련한 인기 강사로 명성을 얻고 있다.

36

내 판단은 정확한가

내가 태어나고 자란 스웨덴에서 한참 새로운 회사를 만들고 있었을 때였다. 헝가리에 있는 사람들로부터 회사를 같이 설립하자는 전화를 받았다. 매우 재미있게 들리는 제안이었다. 나는 그들이 왜 헝가리에서 사업을 시작하려는지 그 이유가 궁금했다. 나의 부모님이 헝가리 출신이라는 이유도 컸다.

하지만 그때 모든 사람들은 내 생각에 반대했다. 왜 그곳으로 가려고 하지? 너는 스웨덴에서 지금 막 새로운 회사를 만들었는데 말이야. 많은 반대가 있었다. 심지어 헝가리 출신들도 헝가리와 스웨덴은 다르다면서 나를 말렸다.

결국 나는 헝가리로 자리를 옮겼고 정말 행복하다. 나는 행운아였다. 한 걸음 물러나 상황을 뒤돌아보니 나는 해야만 했던 결정을 한 것이었다. 나는 다른 사람들의 충고에 의존하지 않았다. 다른 사람들은 나쁜 결정이라고 생각했지만 나는 그 일로부터 활력을 얻었다. 당신이 결정해야 하는 것에서 한 걸음 물러나 돌이켜보자. 그러면 자유를 얻을 수 있다.

인생은 우리에게 카드 한 장을 제공한다. 그 카드를 가지고 어떻게 게임할 것인가는 당신의 판단에 달려 있다. 이 판단은 우리가 합리적으로 꿈꿀 수 있는 그 무엇에 대한 이해 안에서만 가능하다. 진정한 선택의 자유를 만들고, 결정이 가져오는 만족감의 원천이 되는 그 무엇에 대한 당신의 완벽한 '이해' 말이다.

당신 삶에서 외부로부터 방해받지 않고 고요함이 지배하는 평온한 공간을 찾아보자. 그리고 나의 행복을 위한 가장 중요한 세 가지 목록을 적어보자. 그 행복을 최고로 끌어올리기 위한 결정을 하고 있는지도 확인해보자. 만약 그렇지 않다면 변화를 주어야 한다. ∎

Can you make right decisions that can change your life and give you true freedom?

삶을 변화시키고 진정한 자유를 안겨주는 판단을 정확하게 할 수 있는가?

피터 알바이

헝가리 혈통의 스웨덴 사업가. 신개념 프레젠테이션 도구로 전 세계 2,100만 명의 가입자를 가진 기업 프레지의 공동 창립자이자 CEO이다. 의료 데이터를 분석해서 알맞은 치료법을 제공하는 스웨덴의 웹서비스 옴바드 omvard.se의 창업자이기도 하다. 2009년, 스웨덴 디자이너인 아담 소미알 피셔 Adam Somial-Fischer, 대학 교수이자 컴퓨터 과학자인 피터 핼렉시 Peter helacsy와 함께 프레지를 출범했다.

37

무엇 때문에 화가 나지?

무엇이 나를 화나게 만드는가? 다른 사람으로부터 신체적인 공격을 당한다면 누구든 화가 날 것이다. 그러나 분노는 외적인 수준을 넘어 우리의 내면, 숨겨진 자아에 대해 더 많은 걸 말해주곤 한다. 특히 이러한 측면은 어떤 사상이나 생각이 당신을 화나게 만들 때 특히 두드러진다.

나는 유전자가 인종별로 다른 지능을 결정한다는 개념에 맞서기 위해 관련된 증거를 모으는 데 많은 시간을 할애해왔다. 대부분의 사람들은 이러한 주장을 들으면, 즉각적으로 화를 내고 인종주의적이라고 말한다. 이 주장은 절대 책으로 만들어져서는 안 되며 이렇게 주장하는 사람은 부도덕하고 신뢰할 수 없는 사람이라고 공격한다.

이 현상은 어떤 집단이나 국가의 부정적인 역사를 조명할 때도 똑같이 일어난다. 학습 능력과 기회의 차이로 인한 개개인 간의 불평등 문제도 마찬가지이다. 또 가난한 사람들에게 세금을 더 많이 쓰면 납세자들이 혜택을 본다는 주장이나 남성의 영향이 없었다면 여성이 더 완벽해질 수 있었을 거라는 주장처럼, 당신의 정치적 입장이나 지갑에 관련된 일도 마찬가지다.

그런데 내가 알기로는 이런 수준의 분노는 스스로를 방어할 수 있는 능력이 줄어드는 경우에 더욱 증가한다. 그 배경에는 이러한 주장에 대한 조사가 제대로 진행되면 그것이 사실로 드러날 수 있다는 두려움이 자리 잡고 있다.

프로이트는 사실 우리의 믿음에 아무런 이성적 근거가 없다는 공포에 사로잡혔을 때 이단자에 대한 박해가 가장 악랄했다고 말했다. 자기와 다른 믿음을 가졌다는 이유로 사람들을 불태우고 고문했다. 그들의 믿음이 진실하다는 것을 인정하지 않았고 신념에 관한 그 어떤 토론도 없었다. 그들을 폄하하기 위해 누구도 증명하지 않는 시험을 만들었다. 그들이 악마의 소유물이라는 주장이 대표적이다.

비단 과거의 일만이 아니다. 누군가가 어떤 사상이나 이론이 세상에 등장해 토론의 대상이 되는 것을 금지한다면, 그들이 그 사상이나 이론의 결과물에 대해 두려워하고 있기 때문이라고 믿을 만한 근거는 매우 많다. 만약 그 새로운 사상이나 이론이 정말 터무니없다면 그 증거를 대는 일은 정말 쉽지 않을까?

우리가 다른 사람들과 상호작용을 할 때도 이런 일이 일어난다. 아버지들은 아이가 정당하고 논리적인 근거를 갖고 자신의 권위에 도전할 때 극도로 분노하곤 한다. 배우자가 상대에게, 피고용인이 고용인에게 정당하게 문제를 제기할 때도 마찬가지다.

분노를 단순히 무기로 활용하는 것은 가장 야비한 짓이고 자기 집착에 불과하다. 우리는 우리를 깨우쳐줄 기회를 갈망하기도 한다. 플라톤은 진실을 믿는 것만으로는 부족하다고 말했다. 우리는 우리가 믿는 것이 왜 진실인지를 알아야 한다. 그렇지 않다면 인간은 단순하게 잘 길러진 어린아이에 불과하다.

진실을 밝히는 최고의 길은 분노를 한쪽으로 제쳐두고 반대편의 입장에 서는 것이다. 그다음에 믿음의 근거들이 당신의 선호에 의해 선택된 건 아닌지 알아보아야 한다. 이와 같은 방법에 실패한 사람들은 진정한 자유를 누릴 수 없다. 내 기준에서 진실이 아니라고 생각되는 것들에 대한 논리와 증거를 무시한 채 나의 믿음을 지키고 있는 것은 아닌가? 이러한 세계에 갇히는 것은 진정한 자유가 아니다.

내 인생을 통틀어 나와 주변의 사람들을 이해하는 데 가장 크게 기여한 것은 다른 사람들의 논리나 사상을 진지하게 받아들인 점이다.

교훈은 간단하다. 당신이 왜 그렇게 화가 났는지 스스로에게 질문해 보자. 이론이나 사상은 우리에게 직접적인 부상을 입히는 주먹 한 방이 아니다. 깊이 들여다보면 당신의 분노는 그저 당신의 이해가 부족하다는 현실을 반증할 뿐임을 알게 될 것이다. 그렇다면 당신은 이제 특권이나 자기 능력의 한계를 보호하기 위한 담장을 쌓는 데 분노를 사용하기보다는, 자신을 위한 성장 능력을 갖추게 될 것이다. ▪

What makes you angry?

무엇이 당신을 화나게 만드는가?

제임스 플린

뉴질랜드 오타고대학교 명예교수로 IQ 분야의 대가이다. 오타고대학교에서 '뛰어난 연구자를 위한 금메달'을 수상하였으며 명예박사 학위를 받았다. 프린스턴대학교는 그의 연구 공로를 인정하여 '스태퍼드 소규모 강연'에 그를 초청하기도 했다. 현재 케임브리지대학교의 심리측정학 센터의 준회원, 뉴질랜드왕립협회의 회원이다. 사람들의 IQ가 세월이 흐를수록 꾸준히 높아지는 현상인 '플린 효과'를 발견했다. 정치철학, 도덕철학, 심리학을 인종 문제에 접목한 독특한 연구로도 널리 알려져 있다. 《복잡한 세상을 단순하게 여는 20가지 열쇠》 등의 저서가 있다.

38

나는 왜 그게 더 갖고 싶을까

당신이라면 어떤 것을 더 갖고 싶은가? 미술 작품 두 점이 놓여 있다. 하나는 진품이고 다른 하나는 아무리 봐도 가짜임을 알 수 없는 완벽한 복제품이다. 너무나 완벽한 복제품이기에 같이 놓고 봐도 구분이 불가능하다.

이제 이 질문의 대상을 결혼반지나 가보처럼 감정이 깃든 물건으로 바꾸어보자. 또는 당신이 돌보고 있는 누군가를 똑같이 복제할 수 있다고 상상해보자. 무엇이 진짜인지 당신은 구별해낼 수 있는가?

이 사고 실험은 우리가 소중하게 여기는 사물 속에 숨겨진 가치가 있다는 우리의 깊은 감각을 건드린다. 사물 그대로의 본질을 말해준다. 이 본질은 실체가 없지만 이러한 속성이 사물을 유일무이하게 만든다고 유추할 수 있다. 당신이 '진짜'를 갖고 싶다고 고집하게 될 때에는 이 본질의 문제에 대해 생각해보길 바란다.

사람들이 유일한 물건, 특징적인 물건에 대해 애착을 갖는 것은 감정적 연관을 유지하고 싶어 하는 욕망 때문이다. 나는 감정을 덜 드러내는 사람은 유일무이한 물건에 대한 집착이 약하며, 사물이나 동물, 사람들을 대할 때와 마찬가지로 유일무이한 물건 역시 가치 있게 여기지 않는다고 본다. 따라서 사이코패스는 감정적이지 않을 확률이 높다. 그만큼 감정적인 가치를 가지지 못하기 때문이다. ▪

Which would you rather own?

어떤 것을 더 갖고 싶은가?

브루스 후드

케임브리지대학교와 유니버시티칼리지 런던의 전임연구원, MIT 방문연구원으로 활동했으며 전 하버드대학교 교수를 거쳐 현재 영국 브리스틀대학교 사회발달심리학 교수로 재직 중이다. 《지금까지 알고 있던 내 모습이 모두 가짜라면?》을 비롯해 다수의 책을 출간했다. BBC와 함께 뇌에 관한 강의를 열어 300만 명이 넘는 시청자를 끌어 모으며 열광적인 반응을 얻었다. 2011년에는 영국왕립연구소의 '크리스마스 강의'를 맡기도 했는데, 이는 영국에서 과학의 대중화를 위한 가장 명예로운 자리라고 불린다.

39

스튜어트 파이어스타인

질문 있습니까

질문이 있는가? 그 질문은 무엇인가?

물론 이것이 질문이다. 질문이 무엇인가? 새로운 것을 배우거나 새로운 발견을 했을 때, 혹은 새로운 사실을 알았을 때 우리의 첫 번째 반응은 '그렇다면 우리는 무슨 질문을 할 수 있을까?'일 것이다.

우리는 결론을 얻기 위해 일하는 것처럼 보이지만, '아니다'. 물론 우리는 결론을 얻기 위해 공부하고 책을 읽고 의학적 실험을 한다. 여기에서 결론은 '이해understanding'라는 뜻이다.

그러나 결론conclusion이라는 영어 단어에는 '어떠한 일의 종결'이라는 또 다른 의미가 있다. 이 두 번째 의미는, 예컨대 교도소 수감 생활과 같은 불행한 일이 종결된 게 아니라면, 썩 좋은 뜻은 아니다.

달리 말하자면 우리는 시작하는 지점 가까이에서, 가장 최근의 결론을 취하여 새로운 질문을 시작하는 방식을 선호한다. 이것이 과학을 진보하게 만든다. 우리가 발견한 것을 생각하는 게 아니라 이 발견이 어떻게 새로운 질문을 만드는가 생각하는 것이다.

나는 전공 분야인 신경생물학에서 뇌심부 자극술이 정신분열증과 우울증, 파킨슨병, 각종 중독증은 물론 중독 행동으로 유발된 비만까지, 매우 다양한 정신질환에 놀랄 만한 효과가 있다는 것을 밝혀냈다. 이 치료법은 가는 선 두 줄을 뇌 속 깊숙이 꽂고 심박 조율기에 연결하여 뇌의 특정 부위에 느끼지 못할 정도의 주기적인 자극을 주는 것이다. 여기서 문제는 어떻게 이 치료법이 작용하는가? 서로 다른 질병인데도 불구하고 같은 효과를 발휘하는 이유가 무엇인가? 이 질병들은 실제로 어떤 공통점을 가지고 있는가? 언제 이 치료법을 사용해야 적절한가? 전기적 자극을 통해 환자의 행동을 바꾸는 데 윤리적 문제는 없는가? 등이다. 이러한 질문들은 과학자, 임상의, 윤리학자, 정치가 그리고 당신에게 흥미로운 문제이다.

사람들이 모인 자리에서 이야깃거리로 꺼내기 좋을, 깜짝 놀랄 만한 사실 하나를 소개한다. 인류는 이제 막 인간 유전자의 연쇄 고리를 해독하는 데 성공했다. 여기서 알게 된 것은 우리 몸의 유전자는 대부분 우리 몸에 거주하며 평화롭게 살아가고 있는 박테리아, 바이러스, 원

형질, 기타 미생물들의 것이라는 점이다. 실제로 우리 몸을 이루는 99 퍼센트의 유전자는 우리 것이 아니다. 아마도 우리 몸 세포의 90퍼센트 이상은 우리 것이 아닐 것이다. 그렇다면 누구든 간에 우리 인간은 1퍼센트의 유전자와 10퍼센트의 세포만을 자기 책임하에 두고 있을 뿐이다. 약간 당황스럽긴 하지만 재미있는 사실이다.

여기서 우리가 첫 번째로 해야 할 일은 질문이다. '이 유전자들은 지금의 내 모습과 내 건강에 어떤 영향을 미치는가?' 우리는 부모로부터 많은 미생물을 물려받았다. 그들 역시 물려받았을 것이다. 그렇다면 우리가 유전적으로 물려받았다고 생각하는 많은 조건들이 진정 미생물의 전이에 의해 물려받은 것인가? 이러한 사실이 유전적으로 물려받은 특징과 질병에 대한 우리의 생각을 어떻게 변화시키는가? 우리가 '자아'를 규정하는 방식을 어떻게 바꿀까? 우리의 정신적, 육체적 삶에서 수많은 미생물의 고향인 우리의 몸은 얼마나 중요한 존재인가? 그리고 이 질문에 대한 모든 대답은 새로운 질문을 만들어낸다.

질문이 새로운 전망을 여는 두 가지 사례가 있다. 둘 다 과학적이고 둘 다 우리 모두에게 중요하다. 나는 질문에 관한 이 관점을 확장시키는 두 가지 일화를 소개하고자 한다.

이지도어 아이작 라비는 핵자기공명에 관한 기술을 개발한 공로로

1944년 노벨 물리학상을 수상했다. 라비가 뉴욕 이스트사이드의 빈민가에서 이민자 계급의 어린이로 성장할 때였다. 라비의 친구들은 학교에서 집으로 돌아가면 어머니들이 학교에서 무엇을 배웠는지 묻곤 했다. 그러나 라비의 어머니는 "라비야, 오늘은 학교에서 어떤 좋은 질문을 했니?"라고 물었다. 그리고 라비의 친구들이 아닌, 라비가 노벨상을 탔다.

거트루드 스타인은 조금은 별난 성격을 지닌, 미국의 유명한 작가이다. 어느 날, 거트루드가 목숨을 건 수술을 받게 되었다. 그 곁을 지키던 일생의 동반자 앨리스 토클라스가 물었다. "거트루드, 결론이 뭐래?" 거트루드가 대답했다. "앨리스, 질문이 뭐야?"

거트루드 스타인과 라비의 어머니와 함께 나는 당신에게 문제는 '질문이 무엇이냐?'라고 말하고 싶다. ■

What is the question?

질문이 무엇인가?

스튜어트 파이어스타인

컬럼비아대학교 생물학과 학과장. 〈와이어드〉, 〈허핑턴 포스트〉, 〈사이언티픽 아메리칸〉 등에 기고하고 있으며, 뛰어난 업적을 바탕으로 미국고등과학협회의 회원으로 선출되었다. 알프레드 P. 슬론 재단이 운영하는 '과학의 대중적 이해 프로그램'의 고문이다. 저서에는 《무지 Ignorance》 등이 있다.

남들에게서 무엇을 배웠는가

우리는 주변에 있는 사람들로부터 여러 가지 방법을 통해 배운다. 어떤 때는 사람들이 정성을 기울여 우리에게 무엇인가를 가르친다. 나 또한 선생으로서 주변 사람들에게 유용한 충고나 작은 지식이라도 담은 말을 전하려고 노력한다. 강의 중에 혹은 학생들과 직접 만나면서 충고하고 지식을 전달하기도 한다. 직장에서도 그렇다. 상사들은 가끔 선생처럼 행동한다. 더욱 생산적인 사람으로 만들기 위해 부하 직원들을 가르치는 것이다.

그렇지만 내가 괜찮은 강의나 현명한 충고를 하기 위해 노력하면 할수록, 내가 선생들로부터 배운 것 중 대부분이 의식적인 교육의 결과물이 아니라는 사실을 알게 된다. 나는 단지 그들을 지켜보는 것만으로 많은 것을 배웠다. 그들을 바라보면서, 다른 사람들이 이룬 일들에 어떻게 반응하고, 새롭게 등장한 정보를 어떻게 마음속에서 조직하고, 그 정보를 자신의 방대한 정신세계에 어떻게 자리 잡게 만드는가를 배웠다. 나는 그들이 어떻게 지식을 조직하는가를 배웠고, 그것은 개별적인 정보와는 비교할 수 없을 정도로 중요한 것이었다.

더욱이 내가 선생들로부터 얻은 직관은 동료들로부터 얻은 지식보다 그리 나은 게 아니었다. 1966년 콜먼 보고서 Coleman Report 이래 실시된 수십 건의 연구 결과를 보면, 선생보다는 동료가 더 많은 것을 가르친다는 사실이 기록되어 있다. 동료들이 주는 가르침의 힘은 무엇보다 그들도 나와 똑같은 목표를 이루려고 노력한다는 점에서 나온다. 그들의 성공과 실패를 지켜보면서 우리는 어떤 방법이 좋은지 나쁜지를 알게 된다.

직장 내에서는 물론 상사가 중요하다. 그러나 그와 마찬가지로 동료들에게서 적지 않은 부분을 배우게 된다. 알렉산더 매스와 엔리코 모레티는 한 연구에서 노동자들이 좋은 동료와 함께 일할 때 더욱 뛰어난 능력을 발휘한다는 사실을 증명했다. 당신의 주변에 좋은 사람들이 있어야 하는 이유는 당신이 일을 더 잘할 수 있는 방법을 배우기 때문이다.

심지어 우리는 선생이 아닌 사람에게도 배운다. 학생들이 선생을 가르치고 아이들이 부모를 가르친다. 이따금 이런 교육은 선생과 부모가 어떻게 하면 학생과 아이들에게 더 잘 다가갈 수 있는지 도와주는 형식을 취한다. 어떤 경우에는 어린아이들이 우리에게 좀 더 깊은 가르침을 준다. 사랑이나 우정 혹은 솔직함의 가치 같은 것들 말이다.

이러한 배움은 우리가 사회적 동물이고 엄마의 배 속에서 나오면서부터 주변 사람들에게 배울 수 있는 능력을 타고났기 때문에 가능하다. 남에게 배우는 능력은 위대한 자산이다. 우리는 석기시대의 선조들과 마찬가지로 매우 한정된 능력만을 가지고 태어났다. 그러나 짧은 기간에 걸쳐 기술적·사회적으로 복잡한 세상을 헤쳐나가는 방법을 배운다. 우리는 지하철 타는 법을 배우고 책 읽기를 배우고 심지어는 적을 만들지 않는 방법까지 배운다.

책이나 컴퓨터 화면을 통해 배우는 것도 사실이다. 이 방법은 직접 만나기에는 너무 먼 곳에 있거나, 혹은 이미 수백 년 전에 죽은 사람들처럼 절대 만날 수 없는 사람들의 지식에 접근하는 아주 훌륭한 도구이다. 그러나 이러한 원격 학습은 강력한 효과를 보여주는 면대면 학습의 대체물이 될 수는 없다. 인간은 수백만 년에 걸쳐 같은 부족을 지켜보고 가족에게 귀 기울이며 세상을 배우도록 진화해왔기 때문이다.

실제로 우리가 살고 있는 최첨단 기술의 시대가 주는 이상한 점이 있다. 이전보다 면대면 학습이 오히려 더 중요해진 것이다. 책에 기반을 둔 거대한 양의 필수적 지식이 넘쳐남에도 불구하고 많은 비용을 치르면서까지 하버드대학교에 오려는 학생들은 늘어났다. 비싼 임대료를 치르고라도 서울이나 뉴욕에 자리 잡고 싶어 하는 사람과 기업이 늘어났다는 사실은, 이러한 대도시에 대한 수요가 많은 사람들과 함께하는 것의 이점에서 비롯된다는 점을 반증한다.

면대면 학습은 여러 가지 이유로 중요해지고 있다. 선생은 당신에게 부족한 지식을 끊임없이 전달하면서 수준별로 수업을 조정한다. 면대면 학습은 시각과 청각 혹은 후각과 촉각을 활용하는 등 우리의 모든 감각을 이용할 수 있는 장점이 있다. 이러한 모든 감각의 활용은 우리의 기억 속에 자리 잡고 중요한 경험들을 기억하게 만드는 데 도움을 준다.

가장 중요한 것은 면대면 상호작용이 임의의 직관을 만든다는 점이다. 당신이 모르는 일반적인 내용이 있다면 위키피디아를 찾아보면 될 일이다. 하지만 사람이 가득한 거리를 돌아다니거나 활기찬 회의에 참석하는 것은 기대하지 않았던 직관을 만들어낼 수 있다.

서로 얼굴을 맞대고 얻는 지식이야말로 우리가 이 세상에서 성공하기 위한 자본이다. 왜 그럴까? 지식은 서로 소통하면서 배울 때 더 확장된 힘을 발휘하기 때문이다. 세계화와 기술화로 인해 우리는 단순히 '아는 것' 혹은 '잘하는 것' 정도가 아니라 더 많은 '혁신'을 기대한다. 우리는 모든 일에서 더 새롭고 더 창의적인 것들을 만들어내기를 기대한다.

그런데 우리가 '아는 지식'이 그런 차원으로 발전하기 위한 가장 좋은 방법은 바로 그 지식을 사람 사이에서 '흐르게' 하는 것이다. 즉, 상호작용과 소통을 통해서 그 지식의 진짜 의미를 찾을 때만이 가능하다.

누군가를 한 번이라도 가르쳐본 경험이 있는 사람이라면 안다. 당신이 전달하는 지식 그 자체는 어렵지 않다. 교육을 받는 상대가 제대로 이해하고 있는지를 파악하는 부분이 가장 어렵다. 인간은 우리가 같은 공간에 있지 않다면 발견하기 힘든, 원활한 소통의 성공 여부를 알려주는 훌륭한 신호를 갖고 있다. 하품이나 초점을 잃은 시선 말이다.

이처럼 면대면 학습은 지식을 얻는 데 매우 중요하기 때문에, 우리는 더 많은 관계를 끊임없이 유지해나가야 한다. 이 지구상에서 시간을 지혜롭게 사용하려면 지식이 필요하다. 소중한 나날을 낭비하고 싶지 않다면 우리는 항상 주변의 사람들에게 배워야 한다.

생각해보자. 당신은 오늘 주변 사람들에게서 무엇을 배웠는가? 오늘은 배움의 경험이 이어진 하루였는가? 혹은 아침에 비해 저녁에는 아무것도 배우지 못한 날이었는가? 만약 위대한 가르침을 얻었다면 그 배움은 어떻게 일어났는가? 그 경험이 또다시 미래에도 일어날 수 있도록 노력해보자. 같은 사람의 주변에 계속 머물거나 혹은 당시의 상황이 재현될 수 있도록 시도해보자.

그래서 나는 종종 학생들에게 직업을 찾을 때 가장 중요한 것은 스마트한 사람들과 함께 일할 수 있는 기회라고 말하곤 한다. 지금껏 뛰어난 동료와 선생으로부터 가르침을 받아온 나는 실로 엄청난 혜택을 누리며 살았던 셈이다.

혹시 오늘 당신은 의미 있는 그 어떤 일도 생각하지 못할 수도 있다. 가끔 우리는 혼자이고 싶어 한다. 또 어떤 직업은 사회적으로 고립되어야 가능한 집중을 요한다. 나 역시 글을 쓸 때는 나만의 공간으로 들어간다. 그러나 만약 당신이 스스로의 선택이나 직업적인 이유로 상당한 시간을 혼자 보낸다면, 당신에게 새로운 영감을 줄 사람들과 다시 관계를 맺는 데 엄청난 노력을 기울여야만 할 것이다. 사회적 관계라는 게 당장은 비생산적으로 보일지라도, 장기적으로는 그 관계로부터 배운 지식이 성과를 내게 될 것이다. 자유 시간 중 일부를 흥미롭고 매력적인 일을 하는 새롭고 스마트한 사람들과 만나는 데 사용해보자. 항상 당신보다 스마트한 사람들을 만나도록 해라.

당신 주변에 사람들이 있는데도 별로 배운 것이 없다면 그게 더 큰 문제이다. 당신 주변에 있는 사람들이 문제일 가능성도 있다. 아마도 당신이 이 사람들과 너무 오랜 시간 동안 같이 있었기에 더 이상 배울 것이 없을 수도 있다. 그들이 당신에게 가르쳐줄 만한 것이 없을 수도 있다. 만약 이런 경우라면 새로운 친구나 동료를 만나기 위해 모든 노력을 기울여야 한다.

그러나 솔직하게 말하자면, 당신이 주변으로부터 배우지 못한다면 대부분은 당신의 문제다. 내가 만난 사람들은 모두 내게 무엇인가를 가르칠 수 있는 능력을 가졌다. 만약 배우지 못했다면 그건 내가 주의를 집중하지 않았기 때문이다. 내가 제대로 듣거나 질문하지 않았기 때문에 무지한 채로 남은 것이다. 사람들과의 관계 속에서 많은 것을 배우고자 하는 노력을 멈추었기 때문에 배움을 얻지 못한 것이다.

나는 당신이 주변으로부터 얼마나 배우고 있는지 한번쯤 생각해볼 수 있는 질문을 던졌다. 우리는 너무나 자주 게으르다. 지금의 관계 속에서 배우려 하지 않고, 더욱 흥미로운 사람들을 만나기 위해 충분히 노력하지 않는다. 타인에게서 배울 수 있는 당신의 능력을 믿고 '배움형 인간'이 되기 위해 모든 노력을 기울여라. ▪

Edward Glaeser's Question

Did the people around you today teach you anything meaningful?

오늘 당신 주변에 있는 사람들이 당신에게 의미 있는 일을 가르쳐 주었는가?

에드워드 글레이저

하버드대학교 경제학과 교수. 프린스턴대학교를 졸업하고, 시카고대학교에서 박사 학위를 받았다. 하버드대학교의 존 F. 케네디 행정대학원 연구·정책 센터 인 라파포트 보스턴권 연구소와 터브먼 주·지방정부센터를 총괄하고 있다. 미국의 공공정책 핵심 싱크탱크인 맨해튼 연구소의 수석연구위원이기도 하다. 경제, 사회, 역사 등 광범위한 분야에 대한 연구로 미국 내에서 가장 뛰어난 젊은 학자로 주목받고 있다. 저서에는《도시의 승리》등이 있다.

41

그때는 그게 최선이었지?

사람들은 언제나 쉽게 후회하는 경향이 있다. 과거를 되돌아보며, 더 괜찮은 선택이 있었는데 왜 그렇게 선택하지 않았는지 스스로에게 묻고는 한다. 왜 더 나은 길을 선택하지 않았는지 묻는 것이다. '만약 내가 그 사람과 헤어지지 않고 결혼을 했다면?' '내가 그 매력적인 일을 거절하지 않고 선택했다면?' 혹은 '그 친구에 대한 나의 솔직한 감정을 드러내지 않고 조금은 숨겼다면?'과 같은 스스로의 선택을 자책하는 질문들 말이다. 후회하는 사람은 자신이 다른 선택을 했다면 현재의 삶이 훨씬 나아졌으리라고 보통 생각한다. 더 행복해졌을 것이고, 더 부유할 수 있었으며, 지금보다 자신을 조금은 덜 창피하다고 느낄 수 있었을 것이라고.

장 폴 사르트르와 같은 실존주의 철학자들은 실존주의자가 되고 진정성을 갖기 위해서는 스스로의 행동에 대해 끊임없이 책임감을 가져야 하고 현재의 자기 모습에 책임감을 가져야 한다고 말한다. 지금 당신의 모습을 만든 것은 당신의 과거이고 지금까지 당신이 선택한 모든 것들이다. 따라서 과거의 선택을 부정하는 것은 지금 당신의 모습을 부정하는 일이고 어딘가에 있는 타인이 되고 싶은 것이며 허위의 모습이라고 할 수 있다. 후회는 실존주의자들이 '불신 Bad Faith'이라 부르는 것의 한 종류이다. 내가 쓴 책《실존주의자로 사는 법》에는 이런 내용이 있다.

"부정적인 사람 혹은 불신을 가지고 있는 사람은 잊고 싶거나 부정하고 싶은 과거와 연결시킨다. 반면 스스로 인생을 써나가는 저자나 인생을 가꿔가는 예술가는 자기 삶에 긍정적 확신을 주려는 목표가 있다. 이들은 스스로를 더욱 강하고 지혜롭게 만드는 학습 경험을 지닌 사람들로 분류된다. 그들은 절대 후회하지 않는다. 지금의 나를 만든 것은 이제까지의 모든 경험이기 때문이다."

당신의 과거를 후회의 시간으로 비추거나 가정법의 문장으로 생각하지 말고 더욱 긍정적으로 접근해보기 바란다. 자신의 모든 선택에 책임감을 갖되 후회는 하지 말자. 과거의 일에 대해 혼자 후회하기보다는 자신에게 질문해보자. "왜 당시에는 그렇게 선택했을까?"

후회가 예상되는 과거의 선택에 대해 생각해보자. 당신이 왜 그 선택을 했는지에 대해 생각을 집중해보자. 스스로에게 물어보라. 그 선택을 했을 때 내가 몇 살이었는가? 그 당시에 내가 처한 환경과 우선순위를 떠올려보자. 그때 내가 그 선택을 한 이유는 무엇이었나?

많은 철학자들은 사람이 어떤 일이든 그 일을 한 이유는 당시에 그것이 아주 좋은 생각이라고 생각했기 때문이라고 말한다. 그럼 스스로에게 물어보자. "내가 당시에 뭔가를 하려고 선택한 일이 왜 그때는 좋은 생각이었고, 내가 하려고 했던 일이 정확하게 무엇이었는가?" "나는 왜 다른 선택을 하지 않았는가?" 이제는 '왜, 도대체 왜, 나는 다른 선택을 하지 않았는가?'라는 방식의 비관적인 방법이 아니라 스스로의 선택에 정당성을 부여하는 질문을 해보는 것이다. '나는 이러한 이유로 다르게 선택하지 않았다'라는.

무엇을 선택했든 적어도 그 당시만큼은 분명 그 일을 원했을 것이다. 그렇지 않다면 당신은 그 선택을 하지 않았을 것이다. 그렇다고 누군가가 당신에게 하라고 시키는 일도 아니었을 것이다. 가끔 우리는 타인의 압력이나 주변 환경으로 인해 나중에 후회할 일을 억지로 했다는 식으로 말한다. 자기 스스로 선택한 일이었음에도 말이다.

그러지 마라. 오히려 과거에 대해서 이와 같은 방식으로 생각하고 질문하고 그 질문에 답을 하면서 당신은 과거와 화해할 수 있고 과거에 대한 후회로부터 자유로워질 수 있다. 과거에 대해 무거운 책임을 지게 되고, 지금 모습과 할 일에 대해서도 더 큰 책임감을 갖게 될 것이다. 이러한 변화는 개인으로서의 당신에 대한 이해를 높이며 현재의 삶으로 이끌어온 많은 일들에 대한 이해를 높일 수도 있다.

만약 당신이 처한 현실이 싫다면, 미래의 행동으로만 현실에 변화를 가져올 수 있다. 과거에 사로잡혀 불만을 터트린다고 바뀌지 않는다. 특히 후회는 시간과 에너지 낭비일 뿐이다.

실존주의자들은 우리가 과거를 바꿀 수 있다고 말한다. 일어난 일들을 바꾸는 것이 아니라 일어난 일들의 의미를 바꿈으로써 과거에 변화를 줄 수 있다는 것이다. 당신은 다르게 볼 수 있다. 내가 제안한 대로 과거의 사건에 더욱 긍정적인 의미를 부여하거나 미래 행동을 통해 과거 사건의 의미에 변화를 줄 수 있다.

예를 들어 만약 당신이 실직을 불행으로 여긴다고 치자. 그렇지만 훌륭한 조건으로 새로운 일자리를 얻는다면 실직은 좋은 일이 된다. 아니, 당신에게 벌어진 최고의 일이 된다. 니체의 말처럼 "과거를 구원하고 '그저 지난 일'을 '내가 원해서 한 일'로 바꾸는 것"이 바로 구원이다.　■

Rather than regret your past, ask yourself:

Why did I make that choice at the time I made it?

과거를 후회하기보다는 '왜 당시에는 그렇게 선택했을까?'라고 스스로에게 물어보자.

게리 콕스

영국 버밍햄대학교 철학과 교수. 삶의 의미와 가치에 대한 철학적인 사유로 영미권의 젊은 독자들에게 가장 사랑받는 철학자다. 장 폴 사르트르와 실존주의에 관한 연구를 통해 영국 버밍햄대학교에서 철학 박사 학위를 받았고, 위트와 성찰을 갖춘 칼럼과 저술로 대중의 사랑을 받고 있다. 저서에는 《실존주의자로 사는 법》,《이기적 삶의 권유》등이 있다.

42

마리오 리비오

매일 이 두 가지 질문에
네, 아니오를 답해보자

하루 일과를 마친 뒤 자신에게 두 가지 질문을 하라.

❶ 스스로를 위한 일 대신에 다른 사람의 삶을 향상시키는 일을 했
  는가?
❷ 형식이나 관념이라는 고리타분한 상자 안에 구속되지 않은 독창
  적인 아이디어를 떠올렸는가? '상자 밖' 생각을 했는가?

  둘 중 어느 하나라도 '아니오'라는 대답이 나왔다면 다음에는 '그렇
다'로 만들기 위해 전력을 다하라. ▪

Have I done anything today that was really not
for myself, but rather to improve someone else's life?
Have I had any original, 'outside the box' thought
today?

오늘 나는 자신이 아닌 타인의 삶을 향상시키는 데 기여했는가?

'상자 밖'의 독창적인 생각을 했는가?

마리오 리비오

미국의 천체물리학자. 허블 우주망원경 과학연구소에서 과학 대중화 부서의 책임자로 활동하고 있다. 과학과 인문, 사회과학 분야의 통합을 깊이 있게 이루는 뛰어난 능력을 인정받고 있다. 워싱턴의 스미스소니언 박물관에서 매년 20일 이상 세미나를 여는 것은 물론, 뉴욕의 헤이든 플래니토리움과 클리브랜드 자연사박물관, 메릴랜드 예술대학교 등에서 강연하고 있다. 과학의 대중화를 위해 앞장서고 있는 그의 저서에는《에바리스트 갈루아, 한 수학 천재를 위한 레퀴엠》,《신은 수학자인가?》등이 있으며, 수학과 예술을 다룬《황금 비율의 진실》로 국제 피타고라스상과 페아노상을 받았다.

크리스 브로건

나를 불편하게 만드는 것은 무엇인가

나는 편안함이 위험한 감정이라고 믿고 있다. 그럴 때 나는 이런 질문을 스스로에게 던진다.

내가 지금 도전하고 싶은, 나를 불편하게 만드는 것은 무엇인가?

나는 최소한 하루에 하나씩은 나를 불편하게 만드는 일에 도전했다. 이것이 내 인생의 모든 것을 바꿨다. 예를 들어 나는 그리 훌륭한 세일즈맨이 아니었다. 물건을 파는 일이 편안하지 않았다. 그래서 내가 할 수 있는 일이라곤 물건을 팔려는 사람에게 상품 정보를 링크해서 트위터 같은 SNS에 올리는 정도였다.

나는 전화기를 들고 결코 편치 않은 사람과 통화를 한다. 꼭 일에서만 해당되는 건 아니다. 예컨대 집에 머무는 편안함에 도전장을 내밀어 달리기하러 나서는 것도 마찬가지이다. 왜 이렇게 하는 걸까?

당신도 한번 해보라. 불편한 일을 계속 피하고 있으면, 그건 정말 계속 불편한 채로만 남아 있을 것이다. 편안함을 의도적으로 깨는 행동을 하지 않는다면, 당신의 현실은 아무것도 달라지지 않을 것이다. 그리고 달라지지 않는 현실이야말로 가장 무기력한 것이다. ▪

What would make me uncomfortable to attempt right now?

내가 지금 도전하고 싶은, 나를 불편하게 만드는 것은 무엇인가?

크리스 브로건

경제경영지 〈오너 매거진〉의 발행인. 국제 뉴미디어 콘퍼런스인 팟캠프의 공동 창업자이며 1인 기업과 중소기업의 온라인 교육 사업을 진행하는 회사 휴먼비 즈니스웍스의 CEO이다. 소셜 미디어를 활용한 마케팅 전문가로 GM, 마이크로 소프트를 포함한 〈포춘〉 500대 기업의 비즈니스 커뮤니케이션과 SNS 마케팅에 컨설팅을 하고 있다. 특히 세계적인 파워 블로거로 명성이 드높다. 저서에는 《구글 플러스를 활용한 소셜 비즈니스 마케팅》 등이 있다.

완전하다는 것은 무엇인가

'완전함'은 무엇일까? '존재의 진실'과 '존재의 방식'이 일치할 때 일어나는 현상이다. 다른 말로 설명하자면, 어떤 상황에 처해 있든, 홀로 있든 다른 이와 함께 있든, 집에 있든 집에서 멀리 떨어진 곳에 있든, 가족이나 친구, 이방인, 심지어 적과 함께 있든 상관없이 당신은 같은 '사람'이다.

이 말은 자연스럽게 또 다른 질문으로 이끈다. 내 존재의 진실은 무엇인가? 거울이나 광고를 통해, 또는 타인이 나와 연관되는 방식과 말을 통해 내가 인지하는 것보다 더 진실한 것이 있을까? 더할 나위 없이 중요한 문화적 유산, 또는 내게 힘을 주든 제대로 기능하지 못하든, 가족 역학을 초월하는 내 존재에 대한 진실이 있는가? 나는 그저 유전자와 경험, 또는 경쟁적인 경제 사회나 대인 관계의 장에서 드러나는 수행 능력의 산물일까?

　내 마음과 영혼의 가장 소중하고 깊숙한 곳에서 존재의 '진실'에 대해 내가 믿는 것, 내 존재의 '방식'으로 저절로 드러날 것이라고 믿는 것은 바로 내가 삶을 사는 방식이다. 내가 아직 사랑받을 자격이 없다고 믿는다면 나는 죽을 때까지 노력하여 자격을 얻고 타인의 인정을 받으며 완벽해지려 할 것이다. 심지어 최상의 결과를 얻을 수 있다면 인생을 희생할 수도 있을 것이다. 내 존재에 대한 가장 기본적인 진실이 내가 훌륭하지 '않다'는 것이라면, 나는 뭔가에 중독되어 고통을 외면하거나 타인의 기대와 요구 안에서 나의 가치가 어떻게 인식되는지를 그릴 수 있는 허울로 나 자신을 가릴 것이다. 나는 내 수치심이 존재하는 곳까지 그 누구도 들어오지 못하게 하는 시크릿키퍼secret-keeper가 될 것이다. 또한 당신이 원한다고 생각하는 모습의 '나'가 될 것이고, 실제로 나 자신을 결코 믿지 않을 것이다. 나는 칸막이로 막힌 집이 될 것이고 마침내 내면에 완전하지 못한 모습을 드러내고 인생은 산산조각날 것이다. 나는 완전해지지 않거나 앞으로도 그렇게 될 수 없을 것이다.

　내 존재의 진실을 말해줄 수 있는 사람은 누구일까? 여기가 바로 나의 상자 밖 '누군가'가 내 존재의 진실에 대해 속삭이거나 노래하거나 소리칠 대목이다. 이는 나에게 신이 우리 세상으로 들어오는 이유와

일치한다. 내 존재의 진실에 대해 신이 이미 알고 있는 것을 내게 말해 주기 위해, 즉 상자 밖 누군가로서 다가오는 것이다. '자기 존재의 진실'에 대해 신과 의견을 같이한다면 우리는 자신의 '존재 방식'을 통해, 그리고 완전해짐으로써 그 진실을 표현하기 시작할 것이다. 모든 인간은 신, 친절, 정의, 자비, 자애, 사랑, 아름다움, 용서, 그리고 창조를 표현하는 자가 되기 위해 창조된 것임을 잊지 말자. ▪

What is 'wholeness'?

'완전함'이란 무엇인가?

윌리엄 폴 영

부모가 선교사로 활동하던 뉴기니에서 자랐다. 유년 시절 큰 시련을 겪은 후 아픔과 비밀을 묻어두는 마음속 공간 '오두막'을 소재로 글을 썼고, 이는 책《오두막》으로 출간되었다. 이 책은 그의 여섯 자녀에게 주는 크리스마스 선물로 출발해 15부의 복사본으로 남긴 것이었으나, 우연히 글을 접한 주변 이들의 권유로 정식 출간하여 지금까지 약 1,800만 독자들이 찾았다.

45

마크 고울스톤

좌절했다면, 72시간만 버텨보자

우리는 좌절을 겪으면서 오히려 새로운 돌파구를 발견하기도 한다. 그 과정에서 점차 더 강해지고 더 나아질 수 있다. 성공으로 가는 중요한 비결은 좌절을 겪고 있는 스스로에게 끊임없이 이렇게 말하는 것이다. "나는 지금 좌절을 겪고 있을 뿐이야. 너는 살아남을 거고 돌파구에 도달할 거야. 앞으로 72시간 동안 상황을 악화시킬 짓은 아무것도 하지 마."

살면서 이러한 돌파구를 경험한 사람들에게 그전에도 자주 좌절을 겪었는지 물었을 때 90퍼센트에 가까운 사람들이 '그렇다'라고 답했다.

좌절을 겪는 중에 사람들은 의도하지 않은 끔찍한 도전에 직면하고, 때로 살아남지 못하거나 미칠 것 같은 기분을 느낀다. 그럴 때는 붕괴가 시작되었거나 진행된다는 사실을 깨닫고 감정을 솔직히 스스로에게 말하는 게 좋다. 날짜를 적어가며 꾸준히 일기를 쓰고, 좌절을 경험할 때 최대한 상세하게 기록한다면 더할 나위 없을 것이다.

나는 실망했다. 왜냐하면 _____.

나는 불만스럽다. 왜냐하면 _____.

나는 화가 났다. 왜냐하면 _____.

나는 두렵다. 왜냐하면 _____.

나는 상처받았다. 왜냐하면 _____.

나는 스스로에게 회의를 느꼈다. 왜냐하면 _____.

나는 죄책감이 들었다. 왜냐하면 _____.

나는 수치스러웠다. 왜냐하면 _____.

위와 같이 스스로에 대해 말할 때, 장황하게 설명하거나 정당화하거나, 확신을 가질 필요는 없다. 그냥 말하는 것이다. 당신이 느끼는 감정을 스스로에게 말하고 그저 받아들여라. 이때 이 감정들을 회피하고 부정하거나 혹은 다른 이를 탓하지 않는 것이 중요하다.

물론 참을 수 없을 정도로 고통스럽다면 믿을 만한 친구나 가족, 또는 정신건강 전문가를 찾아 하나부터 열까지 모두 털어놓아라. 그러면 더 이상 악화되는 일은 막을 수 있을 것이다.

자신이 느끼는 감정에 이름을 부여하고 인지하며 느낀 뒤, 진짜 도전이 시작된다. 바로 72시간 동안 그 감정을 악화시킬 일은 아무것도 하지 않는 것이다. 공교롭게도 '72시간'은 자신이나 타인에게 위협이 되거나 심각한 정신적 장애를 지닌 사람을 정신과 의사가 강제로 입원시킬 수 있는 시간이다. 또한 전적으로 환자가 진정하고 자제할 수 없는 충동적 행동을 하지 못하게 막기 위한 시간이기도 하다.

악화시킬 일을 아무것도 하지 않는 일이 중요한 것은 위기를 막고 심지어 목숨을 구할 수 있기 때문만이 아니다. 술에 취하거나 폭식을 하거나 돈을 흥청망청 쓰거나 누군가에게 신체적, 언어적 폭력을 행사할 때, 자신이 한 짓에 대해 느끼는 죄책감이나 당혹감, 수치심 등을 모두 해소해야 하기 때문이다. 그리고 그러한 감정을 처리하고 상대에게 사과하다 보면 당신은 며칠 뒤에나 돌파구를 발견할 수 있을 것이다.

결과를 증명할 수는 없지만, 나는 좌절하는 과정에서 일어나는 일이 사고(인간의 뇌·이성), 감정(포유류의 뇌·감성), 투쟁-도피 반응(파충류의 뇌·교감신경)을 관장하는 뇌 부위 사이의 연결이 느슨해질 때 발생하는 것과 같다고 생각한다. 그것이 바로 사람들이 좌절을 경험할 때 '이성을 잃다' '혼란스럽다' '제정신이 아니다'라고 표현하는 이유일 수도 있다. 방금 일어난 일에 대해 위에서 말한 뇌의 세 부위가 적절하지 않은 방식으로 설정될 때 사람들은 좌절을 경험한다. 방금 일어난 일을 되돌릴 수 없으므로 세상과의 결전을 준비하고 뇌를 사용해야 한다.

뇌의 세 부분이 느슨하게 연결되면 다음 단계는 세 부분이 완전히 떨어져 나가는 느낌일 것이고, 이를 '깨진' 느낌 또는 '부서진' 느낌이라고 묘사하는 사람도 있다. 실제로 이러한 감정을 느끼고 나면 인간 뇌의 세 부분은 변경되어 '심안mindsight'을 통해 세상을 달리 보게 된다. 바로 그 '심안'으로부터 돌파구가 만들어진다. 헨리 포드가 "자신이 할 수 있다고 믿든 할 수 없다고 믿든, 당신이 옳다"라고 말했듯이 말이다.

좌절이 일어나게 두자. 세상의 중심을 다시 정하자. 효과적인 방식으로 세상과 다시 연결될 준비를 하자. 그다음에는 잠시 동작을 멈추고 자신에게 "이제 뭘 해야 하지?"라고 물어보자. 이 단계가 되면 단기적인 관점에서는 물론 장기적인 관점에서 자신이 진정으로 성취하고자 하는 결과가 무엇인지 생각하라. 그런 다음 그 목표에 도달하기 위한 이정표를 선택하고, 마지막으로 그 이정표에 도달하기 위해 필요한 것을 선택하라. ▪

What is the best way to mentally handle a failure, setback or severe disappointment?

실패, 퇴보, 또는 심각한 실망을 정신적으로 다룰 수 있는 가장 좋은 방법은 무엇인가?

마크 고울스톤

UCLA 신경정신과 교수. '커뮤니케이션 분야의 마키아벨리'라는 극찬을 받으며, 인간관계 및 인간 행동 전문가, 칼럼니스트 등 다방면으로 활동하고 있다. 보스턴대학교 의학과, UCLA 의대 대학원 정신과를 졸업했으며 〈투데이 쇼〉, 〈CNN 뉴스〉, 〈NBC 뉴스〉 등 다양한 프로그램에 출연해왔다. 〈월스트리트 저널〉, 〈하버드 비즈니스 리뷰〉 등에 리뷰와 칼럼을 기고하며 많은 이들의 주목을 끌었다. 2004년, 2005년, 2009년에는 미국소비자연구위원회가 뽑은 미국 최고의 정신과 의사로 선정되었다. 저서에는 《마음을 훔치는 사람들》, 《뱀의 뇌에게 말을 걸지 마라》 등이 있다.

레로이 차오

지금 이 일을 왜 하고 있지?

관점을 갖는다는 것은 중요하다. 나는 처음으로 우주로 나가 지구를 바라보면서 그 깨달음을 얻었다.

왜 나는 여기에 있는 걸까? 왜 나는 이 일을 하고 있는 걸까?

이 질문은 마치 우주의 위치에서 지구를 바라보는 것처럼, 어떤 관점을 가지고 스스로를 관찰하게 만든다. 그러므로 주기적으로 스스로에게 이 질문을 던지는 게 중요하다. 그렇게 자꾸 '관점'을 느껴보아야 한다.

당신이 아직 젊다면, 꿈을 성취하기 위한 길 위에 서 있기 때문에 더욱 이 질문이 중요하다. 그리고 나이가 들어서도 여전히 이 질문은 중요하지만 그 이유는 변한다.

예를 들어 당신에게 어린 자녀가 있다면, 잠든 아이들을 찬찬히 들여다보자. 바로 그 아이들은 당신이 지금 하고 있는 일의 이유가 될 것이다. 당신이 지금 하고 있는 일은 앞으로 아이들이 스스로의 삶을 살아갈 토대를 마련해준다. 당신이 자신의 꿈을 이루었다면 이제는 아이들이 꿈을 이루도록 도와주어야 할 시기이다.

이 질문은 인생을 살아가는 데 필요한 '관점'을 성립하게 해준다. 관점은 우리가 앞으로 나아가기 위한 도구가 된다. ▪

Why am I doing what I'm doing?

지금 하고 있는 이 일을 왜 하고 있는가?

레로이 차오

미국의 엔지니어이자 전직 우주비행사. NASA에서 일하며 세 번에 걸쳐 우주왕
복선에 탑승했고 10차 탐험대의 대장을 역임했다. 10차 탐험대 활동 기간 동안
2004년 10월 13일부터 2005년 4월 24일까지 우주정거장에 머물렀다. 미세 중
력 프로젝트 중에서 고등 진단 초음파 분야의 연구자이자 관련서 공저자이기도
하다. 이후 사업가, 강연자로도 활발하게 활동하고 있다.

마법이 한 가지 소원을
이루어준다면?

당신의 손에 24시간 안에 어떤 것이든 한 가지 목표를 달성할 수 있도록 돕는 마법의 지팡이가 있다고 상상해보라. 이제 당신의 소원을 마법 지팡이에 말해야 한다. 그 전에 다음의 물음에 답해보기를 권한다.

내 삶에 가장 긍정적인 영향을 미칠 단 한 가지 목표가 있다면, 과연 무엇인가?

대답을 정했는가. 그렇다면 어떤 대답을 했든, 그 한 가지 목표를 이루기 위한 계획을 세우고 성공할 때까지 그에 맞추어 노력하기를 바란다. 절대 포기하지 마라! (또한 실현되지 않으면 좋겠다고 생각하는 것은 절대 말하지 마라!) ■

If you could wave a magic wand and achieve
any one goal within 24 hours, which one goal
would have the greatest positive impact on your life?

마법 지팡이를 휘둘러 24시간 안에 어떤 것이든 한 가지 목표를 달성할 수 있다면,

당신 삶에 가장 긍정적인 영향을 미칠 단 한 가지 목표는 무엇인가?

브라이언 트레이시

세계적인 비즈니스 컨설턴트로, 고등학교를 중퇴한 뒤 뒤늦게 공부를 시작했지만 MBA를 취득하고 경영학 박사 학위를 딴 전형적인 자수성가형 백만장자이다. 현재 브라이언 트레이시 인터내셔널의 CEO이다. 다양한 경험을 바탕으로 세계 유명 기업 컨설팅은 물론, 매년 50만 명 이상의 사람들에게 리더십, 세일즈, 성공, 자기계발, 시간 관리 등 다양한 주제로 강연하고 있다. 30여 년간 23개국 50만 명 이상의 프로 세일즈맨들이 그가 개발한 트레이닝 프로그램에 참석하고 있다. 저서에는 《백만불짜리 습관》, 《TIME POWER 잠들어 있는 시간을 깨워라》, 《전략적 세일즈》, 《끌리는 사람의 백만불짜리 매력》, 《목표 그 성취의 기술》, 《판매의 심리학》 등이 있다.

마틴 롤

나는 리더인가

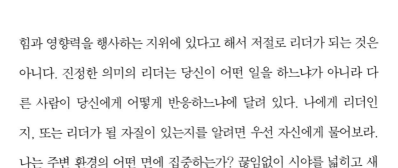

힘과 영향력을 행사하는 지위에 있다고 해서 저절로 리더가 되는 것은 아니다. 진정한 의미의 리더는 당신이 어떤 일을 하느냐가 아니라 다른 사람이 당신에게 어떻게 반응하느냐에 달려 있다. 나에게 리더인지, 또는 리더가 될 자질이 있는지를 알려면 우선 자신에게 물어보라. 나는 주변 환경의 어떤 면에 집중하는가? 끊임없이 시야를 넓히고 새로운 지식과 이해를 끊임없이 갈망하는가? 현상 유지보다 발전에 더 초점을 맞추는가?

리더는 현재의 자원으로 현재의 문제를 푸는 게 아니라 내일의 문제와 기회, 그리고 기회의 발판으로 삼을 변화를 이해하는 데 자신의 가슴과 머리를 집중한다.

당신은 변화를 두려워하고 위험을 회피하는가? 직책이 높을수록 안전을 추구하기 쉽다. 관리자는 통제권을 잃을까 봐 두려워하는 반면, 리더는 더 거대한 것을 두려워한다. 필연적으로 변화하는 세상에 전혀 대처하지 못할까 봐 두려워하는 것이다. 계속해서 자신을 재인식하지 않는다면 경쟁적 우위를 유지할 수 있는 조직은 없다. 하지만 변화를 추구하면 언제나 저항에 맞닥뜨릴 것이므로 리더는 다른 사람들이 변화에 적응하도록 이끌 수 있는 기술을 익혀야 한다. 타고난 리더가 따로 있다고 생각하는 사람도 있지만 실제로 그러한 기술은 누구나 학습하고 완벽하게 만들 수 있는 것이다. 당신은 리더십의 필수적인 자질을 갖추고 있는가?

당신은 강력하고 확고한 개인 정체성과 자신에게 무엇이 중요한지에 대한 이해를 갖추고 있는가? 피하기 힘든 장애물이 있을지라도 당신의 목적이 무엇이든 확신만 있다면 앞으로 나아갈 수 있을 것이다. 모순된 상황이 혼돈을 일으키고 당신의 메시지를 불분명하게 만들 수 있으므로 이렇듯 목적을 명확히 해야 한다.

훌륭한 리더는 밀레니엄 세대에서 베이비붐 세대에 이르는 다양한 연령의 사람들, 성별과 문화가 다른 사람들을 같이 이끌어나갈 수 있는 융통성을 지니고 있다. 다양한 유형의 사람들에게 똑같이 효과적인 단 하나의 방법은 없다. 따라서 리더는 각각 서로 다른 가치를 지닌 사람들과 의사소통하기 위해서 무엇이 필요한지 매우 민감해야 한다.

경영이 주로 통제에 집중한다면, 리더십은 권한의 부여에 집중한다. 리더는 주변 사람들이 자기 능력을 최대한 발휘하고 장애물을 극복하도록 동기를 부여한다. 영감을 불어넣고 권한을 부여하기 위해 당신은 신뢰, 상호 존중, 공감, 긍정적 에너지, 강력한 비전, 그리고 자신이 아닌 타인으로부터 인정받고 자존감을 획득하고자 하는 인간의 욕망을 바탕으로 영향력을 키워야 한다. 그렇다면 당신은 이타적인 인간인가?

당신은 스포트라이트를 타인에게 돌릴 의지가 있는가? 타인에 대한 통제력을 포기할 용기가 있는가? 위에서 아래로 전달되는 리더십만으로는 성공할 수 없다. 리더의 역할은 명령을 내리는 것이 아니라 다른 사람이 권한을 부여받았다고 느끼게 하고 심지어 그들이 당연히 가져야 하는 것보다 큰 통제권과 자치권, 그리고 발언권을 가졌다고 느끼게 해야 한다. 리더는 해답을 이미 알고 있더라도 다른 사람이 어려운 문제에 대답할 수 있도록 이끄는 아이디어와 대화를 장려한다. 사람들이 직접 문제를 발견하고 실행할 해결책을 고안해내게 하는 일은, 문제를 제시하고 바로 해결책을 알려주는 것보다 열 배는 더 가치가 있다.

〈정신학회지〉에 따르면 힘을 지녔다는 의식은 행동에 극적인 영향을 미치고, 그 결과 사람들은 정보에 초점을 맞추고 패턴을 규명하며 결정력을 갖춘다. 또한 에너지가 넘치며 낙천적으로 변한다. 타인에게 권한을 부여하면 다시 조직에 대한 리더십이 강해진다. 열성적인 리더를 다수 만들어내는 것, 이것이야말로 가장 큰 성과이다. 그러므로 당신은 리더들로 구성된 네트워크를 만들어야 한다.

리더십이란 직장생활에서는 물론 사회 집단, 운동 팀, 심지어 전통적인 가족 구성에도 존재한다는 사실을 명심하라. 당신은 다른 영역에서도 리더 역할을 하는가?

물론 리더가 아니더라도, 어느 곳에서나 자신이 해야 할 역할을 잘해내는 이들이 필요하다. 큰 그림을 그리지 않더라도, 내가 속한 조직의 현재와 미래를 위해서는 매일 진행되는 일에 초점을 맞추고 시스템을 분석하는 일도 중요하다. 또한 가지고 있는 자원을 체계화하고 객관적으로 성과를 평가하며 목표를 이루기 위한 단계를 설정하는 것도 중요하다. 단기간의 문제를 즉시 해결하는 전략가도 반드시 필요하다.

중요한 것은 당신의 직책이 아니다. 당신이 해야 할 일은 스스로에게 원동력을 부여하는 방향으로 계속 나아가는 것이다. 자신의 열정을 찾아 끈질기게 나아가라. 훌륭한 리더의 원동력은 바로 열정이다. 당신은 리더인가? ▪

Are you a leader?

당신은 리더인가?

마틴 롤

경영 전략 전문가. 프랑스 최고 명문 MBA인 인시아드 INSEAD에서 MBA 학위를 취득했으며, 세계적 기업들의 기업 경영진 및 마케팅 이사들의 수석 자문 역할을 하고 있다. 특히 그는 상징 브랜드 Iconic Brands(하나의 아이콘처럼 대표 상징으로 자리 잡은 브랜드, 일종의 브랜드 파워)를 통해 성공적인 비즈니스를 구축하고 관리하는 데 초점을 맞추어 기업의 지속 가능한 경쟁 우위를 만들어내게 한다. 저서에는 세계적 베스트셀러인 《아시아의 글로벌 브랜드》가 있다.

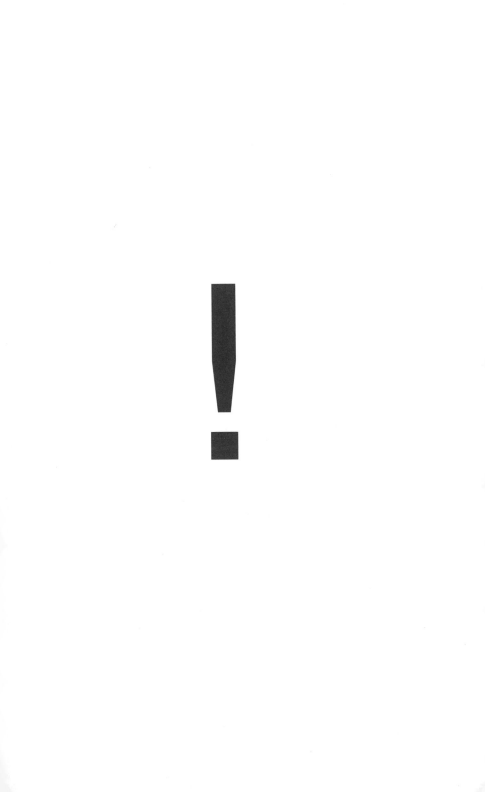

49

사이먼 크리칠리

자신의 영혼에 몰입하는 방법을
알고 있는가

현대사회에서 자기 자신에게 몰입하여 어떤 깨달음을 얻을 수 있는 방법으로는 무엇이 있을까?

1단계: 컴퓨터를 꺼라.

2단계: 전화기를 꺼라. 쉽게 집어 들 수 없는 곳에 멀찌감치 던져두어라. 완벽하게 잃어버리면 제일 좋다.

3단계: 라디오, 텔레비전 등 모든 미디어를 꺼라.

4단계: 집을 떠나 승용차든 버스든 기차든 가능한 교통수단을 이용해 큰 물가로 가라. 바다, 혹은 호수나 강이라도 괜찮다. 개인적으로는 바다를 선호한다.

가만히 바다 끝을 바라보자. 바다와 하늘이 만나는 희미한 수평선에 시선을 맞추자. 그저 바라보며 그대로 멈추어 서자. 명상과 물은 아주 가깝게 연결되어 있다. 만약 당신에게 행운이 따른다면, 충분히 오랫동안 물을 응시한다면 "포착할 수 없는 삶의 환영 the image of the ungraspable phantom of life (허먼 멜빈 소설《모비 딕》에서 인용)"이 떠오를 것이다. 그것은 모든 일의 열쇠와도 같다. 만약 환영을 못 찾았다면 몇 번이고 이 과정을 되풀이해야 한다.

당신이 이 과정에 성공했다면 다음번에는 친구와 함께하라. 그리고 매번 새로운 친구를 한 명씩 더 데려와서 이 과정을 반복하라. 결국에는 수많은 사람들이 한데 모이게 될 것이다. 누가 알겠는가? 이 일이 재미있기까지 할지. ∎

How does one lose oneself and find something in today's world?

현대사회에서 자기 자신에게 몰입하여 어떤 깨달음을 얻을 수 있는 방법으로는

무엇이 있을까?

사이먼 크리칠리

영미권에서 가장 각광받는 인문학자. 종교, 철학, 정치, 윤리가 현실에 참여하는 것의 의미를 묻는 인문학적 작업으로 널리 알려져 있다. 미국 뉴스쿨대학교 정치철학과 교수로, 영국 에섹스대학교, 프랑스 니스대학교에서 철학을 공부했다. 현상학자 도미니크 자니코Dominique Janicaud로부터 사사했으며, 에섹스대학 교수, 영국현상학회 회장, 게티 연구소 연구원 등을 역임했다. 〈가디언〉, 〈뉴욕 타임스〉 등에 기고하며, 노턴 출판사의 '하우 투 리드How to Read' 시리즈 총책임을 맡기도 했다. 《죽은 철학자들의 서》 외 다수의 저서가 있다.

비슷비슷한 선택 안에
갇혀 있는 건 아닌가

비슷한 두세 가지 선택 사이에서 고민한다면 여기서 말하는 두 가지 안을 더해보자. 이 두 가지 안은 사소한 일이든 중대한 일이든 모든 의사결정 과정에 적용할 수 있다. 하나는 '중단하고 버리는 것' 다른 하나는 '와일드카드'이다. 이렇듯 간단한 방법을 사용하면 비논리적인 추론으로 잘못된 판단을 내리는 패턴을 극복하는 데 도움이 될 것이다.

중단하고 버린다는 것은 뭘까? 계획하고 고심하는 데 시간을 보내고 나면 사람들은 적어도 뭔가 결과를 보여줄 수 있는 일을 해야 한다는 마음이 너무 강해진다. 하지만 때로 정신적, 또는 감정적 탐색 비용을 포기하고 아무것도 하지 않는 게 바람직할 수도 있다. 나의 경우 새 집으로 이사를 가기 위해 몇 달 동안 힘들게 집을 보러 다녔지만, 아예 이사를 하지 않기로 결정했다. 그로부터 5년 뒤, 우리는 정말 잘

한 결정이었다고 생각했다.

그렇다면 와일드카드는 왜 필요한가. 인간은 비슷한 것끼리 비교하는 습성을 지녔다. 그렇기 때문에 이미 앞에 놓인 것들 외에 다른 것, 또는 창의적인 것을 고려하는 데는 훨씬 많은 노력이 필요하다. 또한 무언가를 선택할 때 우리는 어떤 이익과 손해의 관점에서만 계산한다. 여기서 문제는 비합리적이게도 매번 비슷하게 그 손익을 상상하고, 그 상상한 범위 안에서만 방법을 찾는다는 것이다. 하지만 예상한 것보다 훨씬 비용이 적게 들면서 단순한 해결 방법은 어디든지 있다. '와일드카드'를 선택해야 하는 게 바로 그런 이유이다.

텔레비전에 연결할 컴퓨터를 구입하려 알아보던 중 나는 문득 잘 작동하는 컴퓨터를 이미 다섯 대나 갖고 있다는 사실을 깨달았다. 내가 사야 할 것은 단지 텔레비전과 컴퓨터를 연결할 10파운드짜리 케이블이었다. 이와 비슷한 예로 와이드 슬롯 토스터^{wide-slot toaster}(빵을 굽는 구멍의 폭이 넓은 토스터)를 구입하려 한 적도 있다. 하지만 결국 내가 산 것은 전기 빵 칼이었다. 구멍의 폭이 넓은 토스터를 찾을 게 아니라 빵을 얇게 썰면 된다는 사실을 깨달은 것이다. ▪

Are you deliberating between too narrow
a group of choices, simply for ease of comparison?

단순히 비교하기 쉽다는 이유만으로, 너무 좁은 선택들 사이에서

고민하고 있는 것은 아닌가?

로리 서덜랜드

영국 오길비 그룹의 부회장. 1965년 영국에서 태어나 촉망받는 삶을 살았지만
대학을 졸업한 뒤에는 인생의 궤적이 달라지기 시작했다. 하버드 경영대학원에
진학하는 대신 에일즈버리의 초등학교에서 수습교사로 재직했으나 견디지 못
하고 1년 후 그만두었다. 이후 1988년 현 오길비 그룹의 전신인 오길비&매더에
입사했으나 1년 후 기획부에서 해고당하고 같은 회사의 크리에이티브 부서에
보조 카피라이터로 합류, 아메리칸 익스프레스, 로열 메일, 마이크로소프트 등
과 일했다. 1996년, 수석 카피라이터로 승진한 로리는 1997년에는 크리에이티
브 디렉터로 승진했는데, 이때 오길비 원으로 재런칭하고 개혁하는 일에 깊이
관여했다. 2002년에 크리에이티브 담당 이사로 승진했고 뒤이어 영국 오길비 그
룹을 총괄하는 부회장이 되었다. 최근 '광고쟁이의 인생 교훈'이라는 TED 강연
으로 많은 이들의 관심을 끌었다.

51

샘 고슬링

다른 사람들은 뭐라고 말할까

만약 나와 다른 사람의 의견이 엇갈린다면, 그것이 협상의 일부이거나 혹은 그들이 취하고 있는 입장으로 인한 짜증이든 스스로에게 질문해 보자. "다른 사람들은 뭐라고 말할까? 다른 사람들은 이 문제를 친구 에게 어떻게 설명할까?"

우리는 모든 주제들이 다양한 측면을 가지고 있다는 점을 머리로는 알 고 있다. 그럼에도 이미 뿌리내린 개인의 편협한 시각을 벗어나기란 정 말 힘들다. 다른 누군가와 의견이 맞지 않을 때 우리는 상대방이 시야가 좁거나 이기적이거나 고집불통일 것이라고 생각하기 쉽다. 물론 현실적 으로 상대방과 나는 그저 우선순위나 추구하는 이익이 다를 뿐이다.

그러나 '다른 사람들은 이 문제를 그들의 친구에게 어떻게 설명할까?'라는 질문을 던지는 것은 상대방이 이기적이거나 바보이거나 다른 문제를 가진 사람이 아니라는 점을 인정하고 그들만의 합리적인 이유가 있다고 생각하게 만든다. 이러한 인정과 자각을 통해 스스로 갈등과 불일치에 대한 건설적인 해답을 이끌어낼 수 있다. ▪

Sam Gosling's Question

What would the other person say?

How would the other person describe it to their

friends?

다른 사람들은 뭐라고 말할까?

다른 사람들은 이 문제를 그들의 친구에게 어떻게 설명할까?

샘 고슬링

텍사스대학교 심리학과 교수. 미국심리학회가 수여하는 '젊은 과학자들의 공헌을 위한 과학상'을 수상하면서 심리학계의 기린아로 떠올랐다. 사람들이 일상적으로 생활하는 침실과 사무실 등을 관찰하는 것만으로도 그 사람의 성향과 심리를 파악할 수 있다는 것을 연구를 통해 검증해냈다. 저서에는 개인의 성향이나 이미지를 파악할 수 있는 노하우를 다양한 사례로 소개한 《스눕》 등이 있다.

52

내가 나에게 하는 말이 들리는가

당신 내부에서 들리는 목소리가 있다. 나는 당신이 매일 이 질문을 위해 몇 분을 투자하기 바란다. 내면의 목소리가 나에게 말하고 있는 것은 무엇인가?

아주 간단해 보이지만 대부분은 이런 질문을 자주 하지 않을 것이다. 일부는 이런 질문을 전혀 하지 않고 산다. 그러나 세계적으로 뛰어나고 성공한 사람들과 이야기를 나누어보면 그들은 언제나 자기가 한 일과 실패한 일을 되돌아본다고 한다. 이때 자기 내면의 목소리를 듣지 않았기 때문에 실패했다는 점을 깨닫는다고 한다.

나의 경우에도 이 명제는 사실이다. 내면의 목소리는 언제나 자신이 알고 있는 것을 우리에게 알려주려고 말을 걸고 있다. 우리가 듣지 못하고 심지어는 우리가 조용히 있으라고 하는데도 말이다. 매일 내면의 목소리가 말하는 것을 듣기 위해 시간을 갖는 것은 용기가 필요하다. 하지만 이 방법은 삶을 편안하고 행복하게 그리고 더욱 평화롭게 만드는 데 아주 효과적이다. ▪

What is that inner voice saying to me?

내면의 목소리가 나에게 말하고 있는 것은 무엇인가?

제프 콜빈

미국의 존경받는 저널리스트이자 작가. 오랫동안 〈포춘〉의 편집장을 맡았으며 포춘 글로벌 포럼의 사회자로도 활동하고 있다. 〈월스트리트 위크〉의 공동 진행자로 활동하는 등 텔레비전과 라디오를 비롯한 수많은 매체에서 강연을 하고 있다. 저서에는 《재능은 어떻게 단련되는가?》 등이 있다.

53

가질 수 없는 것을 원하고 있나

부정적인 감정을 느낄 때는 항상 스스로에게 이렇게 말해보자.

"내가 불행한 것은 가질 수 없는 것을 원하기 때문이다. 그렇다면 내가 통제할 수 없는 부분은 무엇이고 통제할 수 있는 부분은 무엇인가?"

이렇게 물을 때 당신은 자신이 겪고 있는 상실감, 좌절, 스트레스를 오히려 필요한 전략으로 바꿀 수 있다. ▪

I'm unhappy because I want something I can't get. What part of this problem is beyond my control, and what part is within my control?

내가 불행한 것은 가질 수 없는 것을 원하기 때문이다.

그렇다면 내가 통제할 수 없는 부분은 무엇이고, 통제할 수 있는 부분은 무엇인가?

윌리엄 더건

컬럼비아 경영대학원의 경영학 부교수로, 전략적 직관에 대한 그의 이론은 큰 반향을 얻고 있다. 저서로 《위대한 전략가의 조건》, 《나폴레옹의 직관》 등이 있으며, 《제7의 감각》은 〈전략과 비즈니스 Strategy+Business〉가 선정한 2007년 최고 전략서로 뽑혔다. 전 세계의 기업 임원 수천 명을 대상으로 강연과 워크숍을 진행한 그는 현재 '전략적 직관' 개념을 실제 경영 현장에서 창출해내는 창조 전략을 강연하고 있다.

54

결국 모두가 행복해지는 게 좋잖아

더 나은 세상을 만들려면 어떻게 해야 할까?

이 질문은 그저 마음속에 담고 있기만 해도 좋다. 물론 이 질문이 무모할 정도로 거대해서, 바쁜 당신에게는 휴일이나 잠들지 못하고 깨어 있는 밤이 아니면 생각하지 못할 문제로 들릴 수도 있다. 실현 가능성이 아주 적은, 이상주의자의 제안이라고 말이다.

그러나 실제로 이 방법은 일상의 문제를 들여다보는 데도 놀라울 정도로 유용한 방법이다. 예를 들어 누군가가 자기 일을 제대로 수행하지 못해 당신을 피곤하게 만드는 경우를 생각해보자. 서류를 제대로 정리하지 못하고 물건을 늦게 배달하고 책임을 회피하려는 일 등이 벌어지는 경우이다. 아니면 사려 깊지 못한 행동으로 당신을 괴롭히는 동료나 파트너가 있다고 하자. 당신의 입장을 방어하기 위한 저항이나 비판 대신에 잠시 숨을 고르고 이 질문을 생각해보자.

나의 저항이나 비판이 더 나은 세상을 만들고 행복하게 만드는가? 그렇지 않다면 나는 무엇을 해야 하는가?

이러한 방법이 당신과 당신을 괴롭히는 사람 모두를 긴장된 상황에서 빠져나오게 만든다. 놀랍지 않은가? 그뿐만이 아니다. 이 질문이 진정으로 긍정적인 결과를 만들어낸다는 사실을 알면 또 놀랄 것이다. 물론 나도 종종 이러한 방법을 잊어버리고 행동한다. 나도 내가 파놓은 자기 확신의 함정에 빠져서 허우적거린다. 그러나 내가 이 질문을 기억할 때마다 그 효과는 나와 나를 괴롭히는 사람 모두에게 발휘된다.

그리고 범위를 확대해보면, 이 질문은 당신의 경력과 삶의 선택에 훌륭한 안내자 역할을 한다. 내가 쓰고자 하는 책을 잘못 선택했을 때, 이루고자 하는 프로젝트에 문제가 있을 때, 같이 일하는 동료와 갈등할 때면 가끔은 내가 이 질문에 충분히 답하지 못했기 때문이라는 것을 안다. ▪

How can I make the world a better, happier place?

더 나은, 행복한 세상을 만들려면 어떻게 해야 할까?

존 판던

영국인들이 인정하는 최고의 지성이자, 지적 모험가. 케임브리지대학교를 졸업
했으며, 철학과 과학, 물리학과 수학, 문학과 예술, 역사와 현대 사회 이슈 등 다
양한 분야의 경계를 넘나들며 백여 권의 책을 낸 베스트셀러 작가이다. 어려운
주제와 지식들을 독자들의 눈높이에 맞춰 유머와 통찰력 넘치는 시각으로 알려
주는 것으로 정평이 나 있다. 어린이와 청소년을 위한 과학과 철학 도서 분야에
서 명성이 자자하다. 《열정의 과학자들》, 《오! 이것이 아이디어다》, 《이것은 질
문입니까?》 등의 책을 썼다.

55

같은 실수를 또 했는가

다음 질문을 15초 동안 곰곰이 생각해보자.

지금까지 살면서 가장 후회되는 일이 무엇인가?

생각을 마쳤는가? 좋다. 그 15초는 전혀 쓸모없고 비생산적인 시간이었고, 이를 다시는 되돌릴 수는 없다. 이제 후회 없는 삶을 사는 데 헌신하라. 그리고 다시는 과거의 실수에 얽매여 시간을 낭비하지 말라.

완벽한 사람은 없다. 사람은 누구나 실수를 저지른다. 실수로부터 무언가를 배우고 이를 바로잡을 수 있는 행동을 취하여 같은 실수를 반복하지 않는 것이 가장 중요하다. 그러기 위해서는 실수를 뒤로 한 채 앞으로 나아가야 한다. 후회하며 뒤돌아보느라 낭비하는 시간이 바로 다음 과제나 아이디어, 관계에 투자할 수 있는 시간과 에너지이기 때문이다. 후회하지 않는 삶을 산다면 인생에 있어서 결정을 내릴 때 장차 후회할지도 모른다는 두려움을 줄일 수 있으므로 당신은 위험을 감수하고 열정을 따를 수 있을 것이다.

당신이 과거에 있었던 곳이 아니라 나아가고 있는 곳을 생각하라. 후회 없는 삶을 살면 당신의 인생은 더욱 아름다워질 것이다. ▪

Michelle Rhee's Question

What are my biggest regrets in life?

지금까지 살면서 가장 후회되는 일이 무엇인가?

미셸 리

미국 교육 시스템에서 유명한 인물로 2007년부터 2010년까지 워싱턴 D.C. 공립교육부 장관이었다. 2010년 말, 그는 교사의 정년 퇴임과 같은 교육 문제의 개선을 다루는 비영리단체인 스튜던츠 퍼스트를 설립했다. 또한 도심 학교에서 3년 동안 학생을 가르치며 교사 생활을 시작한 뒤 뉴 티처 프로젝트를 설립하고 운영했다. 이곳에서는 10년도 안 되어 도시 학교에서 일할 새로운 교사를 2만 3천 명 이상 채용하고 교육했다. 한국계 미국인으로 그녀의 부모님은 1960년대에 한국에서 미국으로 건너갔다고 한다. 한국명은 '이양희'이다.

56

조시 링크너

왜? 만약에? 왜 안 하지?

왜? 만약에? 왜 안 하지? 이 세 가지 질문은 하나의 질문처럼 연결되어 있고 나는 항상 이 질문들을 함께 사용한다. 나는 이 질문들을 모든 회의에서 사용한다. 펜과 종이를 준비하듯 말이다. 아내와 저녁을 먹는 테이블에서도 나는 이 질문들을 꺼낸다. 아내에게 공감하고 열광할 자세를 준비하듯 말이다.

이 세 가지 질문은 내가 경력을 쌓는 데 도움이 되어왔다. 만약 당신도 열린 자세로 다가선다면 같은 도움을 받게 될 것이다. 왜 당신이 만드는 제품은 파란색 포장으로 나오는가? 만약 당신의 고객이 칠면조보다 땅콩버터를 좋아한다면? 왜 사용료 형태로 부과하지 않는 것일까(서비스 비용으로 부과하는 것보다 낫지 않을까)? 당신이 만약 이 질문들이 의미하는 효과를 그려낼 수 있다면 게임 자체를 바꿀 수 있는 획기적인 사고를 맞이할 준비가 된 것이다.

과거의 깃발에 대한 맹목적인 경례는 이제 그만하자. 가족, 종교, 문화적 기준에서 전통은 존재하지만, 가능할 때마다 혁신할 수 있는 대상을 찾고 기회를 잡는 일을 즐거워하자. 누군가는 새로움을 추구하는 것은 위험하다고 말할지도 모른다. 그러나 나는 안전하게 일을 처리하는 것이 세상에서 가장 위험한 일이라고 주장한다. 오늘날 사회에서 현상 유지는 불가능하다. 모든 사람들이 그 어느 때보다 빠르게 움직이고 있다. 당신은 무엇을 기다리고 있는가?

나는 당신에게 모든 문제에서 이 세 가지 질문을 던질 것을 요구한다. 왜? 만약? 왜 안 하지? 이 질문들을 자주 사용하고 주변 사람들도 이 질문을 사용하도록 격려해라. 심지어는 이 질문들을 인쇄해서 벽에 붙이고 환기시킬 수도 있다.

창의력이 '번쩍이는 번개'처럼 다가온다는 것은 거짓말이다. 새롭게 사고하고 더 나은 해법을 열망할 때 비로소 나타난다. 이 질문들을 던짐으로써 문제를 조금씩 해결한다면, 당신은 머잖아 '전기 충격'과 같은 기분을 맛보며 어떤 일이든 잘해나가고 있을 것이다. ■

Why? What if? Why Not?

왜? 만약에? 왜 안 하지?

조시 링크너

전 세계 37개국 74개 브랜드의 홍보를 기획한 세계 최대의 인터랙티브 홍보 회사 이프라이즈 ePrize 창업자. 2004년 올해의 언스트&영 최우수기업가상, 2009년 올해의 디트로이트 경영인상 등을 수상했다. 연설가, 작가, 재즈 음악가로도 활동하고 있다. 저서에는 《창의는 전략이다》 등이 있다.

57

쉘린 리

누구를 위해 시간을 쓰고 있는가

오늘·이번 주·이번 달에 나에게 투자하기 위한 시간을 얼마나 확보했는가?

우리의 일상은 '받은 편지함'에 매여 있다. 그 편지함에 도착한 수많은 전자우편, 달력 스케줄, 뉴스, 업무 리스트 등은 우리 삶의 중요한 일들을 좌지우지하고 있다. 그러나 그보다도 '나'에게 진정으로 필요한 것은 중요한 일에 집중할 수 있는 시간과 공간이다.

이제 하루를, 한 주를, 한 달을 시작하기에 앞서 이루어야 할 가장 중요한 일이 무엇인지 알아보기 위한 시간을 갖고 이를 기록해보자. 각 시간 단위가 끝나갈 무렵에는 되돌아보고 그것을 이루었는지 살펴보자. 스스로에게 설명하고 책임을 지도록 하자.

여기 몇 가지 구체적인 방법이 있다. 첫째, 실제적이고 중요한 일을 위한 시간을 만들자. 매주 월요일과 수요일은 이 일이 이루어질 수 있도록 기록하고 궁리하고 연구하는 날로 만든다. 이날에는 다른 일정을 잡지 않도록 최선을 다하고, 다른 사람들에게도 양해를 구하자. 그들도 우리만큼 이 일의 가치를 잘 알고 있기 때문에 이해할 것이다.

그다음에는 내가 책임져야 할 사람을 찾아라. 중요한 일들에 관련하여 반드시 나를 의지할 사람을 만들어라. 그렇게 되면 제대로 된 결과를 내놓지 못했을 때, 나에게 의지했던 그 누군가는 실망하고 만다. 이 사실을 알면 좋은 결과를 얻기 위해 스스로를 더욱더 압박하게 될 것이다.

마지막으로 스스로에게 보상하라. 계속 미루어둔 일이 있다면 그 일의 대가로 아주 훌륭한 보상을 궁리해보라. 영화 관람도 좋고 취미로 삼는 운동도 좋다. 무엇이든 당신이 만든 보상에 몰입하기 전에 일을 끝내도록 일정을 조정하라. ▪

How have you set aside time today/this week/this month to invest in yourself?

오늘·이번 주·이번 달에 당신에게 투자하기 위한 시간을 얼마나 확보했는가?

쉘린 리

미국의 영향력 있는 애널리스트. 하버드 경영대학원을 나와 포레스터 리서치 부사장을 역임하고, 경영 전략 컨설팅 기업 알티미터 그룹을 창립했다. 소셜 미디어 분야 전문가로서 〈월 스트리트 저널〉, 〈뉴욕 타임스〉, 〈USA 투데이〉의 칼럼니스트로 활동하고 있다. 저서에는 《오픈 리더십》 등이 있다.

58

존 마에다

실패의 순간이 다가올 때
어떤 기분이 드나

나는 실패에 어떻게 대처하는 사람인가?

  야심찬 목표가 벽에 부딪히고 추락을 피할 수 없는 순간이 닥칠 때
내 마음속에는 어떤 생각이 드는가?

  나의 실패로 인해 덕을 보는 주변 사람들에게 어떻게 대응하는가?

  나 스스로를 구제하고 다음 도전에 나서게 만드는 수단으로 사용하
는 방안은 무엇인가?

  나는 어떻게 스스로를 새롭게 만드는가? ▪

How do you deal with failure?

당신은 실패에 어떻게 대처하는가?

존 마에다

저명한 그래픽 디자이너이자 비주얼 아티스트로 미국 스미스소니언 국립 디자인상, 독일 레이몬드 로위 재단상, 일본 마이니치 디자인상을 수상했다. 현재 로드아일랜드 디자인스쿨의 총장인 그는 미국 MIT 미디어랩 부학장을 역임했으며, 심플리시티 컨소시엄을 창립했다. 도쿄, 뉴욕, 런던, 파리에서 전시회를 열었으며, 스미스소니언 쿠퍼 휴이트 국립디자인미술관과 뉴욕 현대박물관에 그의 작품들이 영구 소장되어 있다. 저서에는 《단순함의 법칙》, 《리더십을 재설계하라》 등이 있다.

59

왜 다른 사람에게서
답을 찾으려고 하는가

어떠한 일이 잘 진행되지 않을 때, 당황하고 좌절할 때, 우리는 그 원인을 찾고자 한다. 때때로 그 이유가 외부에서 비롯되기도 하지만, 대부분의 경우 스스로에게서 그 문제점을 찾게 되고 또 그래야만 한다. 우리가 오류를 저지르게 되는 것은 바로 이 대목이다.

나의 내면에서 이유를 찾아야 하는데, 왜 다른 사람에게서 찾으려 하는가?

이 질문은 비단 잘못된 문제 해결 과정에만 해당되지 않는다. 이 질문은 늘 무엇인가를 선택하고 결정해야 하는 우리의 삶과 다양하게 연관되어 있다.

우리가 선택하고 결정할 때 다른 이들에게 조언을 구할 수도 있고, 다른 사람의 요구에 의해 밀려서 할 수도 있다. 그게 성공한다면 우리는 다른 사람의 덕이라 생각하지 않는다. 그러나 실패한다면, 다른 이에게서 이유를 찾으려고 한다. 뭔가 이상하지 않은가? ▪

Why look to such a question from other people when you need to find it within yourself?

왜 자기 내면이 아닌 다른 사람에게서 답을 구하려 하는가?

헨리 민츠버그

경영학 박사로 캐나다 맥길대학교 교수로 재직 중이다. MBA 방식의 문제점을 지적하며 혁신과 새로운 시대에 걸맞은 경영에 대해서 주장해왔다. 〈월스트리트 저널〉이 뽑은 '세계에서 가장 영향력 있는 경영 사상가 20인' 중 9위에 선정되었으며, 미국경영학회로부터 최고 연구자상을 수상하기도 했다. 특히 중요한 저작으로 꼽히는《전략 기획의 흥망성쇠 The Rise and Fall of Strategic Planning》에서는 오늘날 전략 기획의 관행을 비판하고 있다. 이처럼 전략 컨설팅에 대해 비판적인 태도를 견지하고 있음에도 불구하고, 아이러니컬하게도 〈하버드 비즈니스 리뷰〉에서 맥캔지 어워드의 최고 출판 논문상을 두 차례나 수상한 바 있기도 하다. 1991년부터 1999년까지 인사이드 초빙 교수를 지냈으며, 1997년과 1998년에는 캐나다 국가 훈장을 받았다.

60

만약 이렇게 해보면?

내가 스스로에게 던지는 질문은 아주 짧다.

만약 이렇게 한다면?

이 질문은 세 가지 측면에서 도움이 된다. 첫째, 이 질문은 더 창의적인 상상을 가능하게 만들고 마음의 문을 활짝 열게 만드는 방아쇠 역할을 할 수 있다.

우리의 일상적인 삶은 이러한 질문으로 인해 더욱 흥미를 더할 수 있다. 평소와는 다른 길을 택한다면 어떻게 될까? 크로아티아의 새로운 식당에 가보면 어떨까? 진짜로 크로아티아에 가면 어떨까? 이러한 가정을 현실로 옮긴 우리는 크로아티아로 가는 비행기를 타기 전에 또다시 질문했다. "비행기에서 읽으리라고는 상상조차 해본 적 없는 종류의 잡지를 한번 사볼까?" 아내가 작년에 이렇게 말한 적 있었다. "아이들과 손자들에게 일일이 크리스마스 선물을 하느니 다 같이 아프리카의 사파리에 놀러갈까?" 결국 우리는 실행했고 모두가 정말 즐거웠다.

이 질문은 일상적인 재미를 위해서만 존재하는 것이 아니다. 많은 발명과 혁신이 이 질문으로 인해 가능했다. 만약 상황이 거꾸로 된다면? 제품의 개념을 뒤바꿔본다면? 이 물건을 파란색으로 칠한다면? 디트로이트의 공장에서 만들어진 큼직한 차 대신에 작고 이상하게 생긴 독일 차를 사라고 한다면? 이미 눈치챈 이들이 있겠지만, 이것이 1959년에 빌 번벅이 폭스바겐 '비틀'의 광고로 시작한 크리에이티브 혁명이다.

'만약 그렇다면?'이라는 질문은 실험을 독려한다. 육상 코치 출신의 나이키 공동 창립자인 빌 바우어만은 물었다. "만약 고무를 녹여서 와플 빵 틀에 부으면 어떻게 될까?" 그는 그렇게 했고 새로운 차원의 러닝화가 만들어졌다.

'현재 상태'를 관찰하고 '만약 그렇다면?'을 상상하면 새로운 비전과 새로운 전략, 새로운 결과를 얻을 수 있고 새로운 회사까지도 설립할 수 있다. 1986년에 누군가 물었다. "만약 광고업계의 3대 기업이 업계 최초로 합쳐진다면 어떻게 될까?" 결과는 '빅뱅'이었고 옴니콤이 탄생했다.

좋아하는 이야기가 하나 있다. 어떤 사람이 자기 일은 매우 좋아했지만 자기 상사를 너무 싫어했다. 어느 날인가 동료가 헤드헌터 업체에 이력서를 보내 새로운 일자리를 찾아보라고 그에게 말했다. 그러자 그 사람이 말했다. "잠깐만, 내 이력서를 보내느니 내 상사의 이력서를 보내서 그를 다른 곳으로 날려보내는 게 어떨까?" 아마 그의 문제가 해결되었을 수도 있고 아니면 여전히 그대로일 수도 있겠다. 중요한 건 이렇게 생각해본다는 것이다.

'만약 그렇다면?'이라는 질문은 또 어떻게 긍정적인 영향을 끼칠까? 한 사람의 시각을 바꾼다. 이 질문은 놀라운 공감 능력을 이끌어내기도 한다. 만약 내가 그녀의 입장이 되어본다면 어떨까? 심지어 내 적의 입장이 되어본다면 어떨까? 이런 종류의 '역지사지'는 완전히 새로운 변화를 만들어낼 수 있다.

마지막으로 '만약 그렇다면?'이라는 질문은 만일의 사태에 대비한 계획을 세우는 데 도움을 준다. 만약 비가 온다면 어떻게 해야 하나? 만약 계획 A가 별 효과가 없다면 계획 B는 무엇인가? 물론 비가 온다거나 이 계획에 실패할지도 모른다는 반대편 가정에 집착할 필요는 없다. 그렇다 해도 우리는 항상 질문해야 한다. '만약 그렇다면?'이라고. ■

What if?

만약 이렇게 한다면?

키스 라인하드

세계 광고계의 구루라 불리는 DDB 월드와이드 명예회장. 그를 수식하는 많은
말 중에 '이 시대의 마지막 미치광이The last mad man'라는 표현은 그가 얼마나 독특한
세계관을 갖고 창의적인 광고를 만들어왔는지를 잘 말해준다. 그가 명예회장으
로 있는 DDB 월드와이드는 칸 국제 광고제에서 역대 최다로 대상을 수상했다.
그는 맥도날드, 폭스바겐, 펩시, 스테이트팜, 버드와이저 등 수많은 기업의 캠페
인으로 국제 광고제를 휩쓸었으며, 세계 최대 광고 마케팅 서비스 회사인 옴니
콤의 설립자 중 한 명이다. 미국인 최초의 칸 국제 광고제 심사위원으로 선출되
었으며, '광고 역사상 가장 영향력 있는 100인' 중 한 명으로 광고인 명예의 전
당에 올라 있다.

61

칭찬을 받아도
기쁘지 않다면?

우리는 항상 이 질문을 해야 한다. 지금 당신이 하고 있는 일이 당신을 행복하게 만드는가?

진부한 질문일 수도 있다. 하지만 우리는 일을 행복이라는 관점에서 생각하지 않는다. 그 대신 우리는 책임감과 인정받기에 관해 생각하고 어떻게 나와 다른 사람에게 이걸 제공할지 고민한다. 행복을 요구하는 것은 자기 집착이거나 아니면 무책임한 것으로 보일 수도 있다. 그럼에도 나는 긴 성공을 위해서는 행복이 필수적인 요소라고 믿는다.

이 질문은 인생의 다양한 지점에서 스스로에게 던져야만 한다. 대학에 들어가거나 직업을 구할 때, 혹은 경력을 발전시키려고 할 때 필요한 질문이다.

요리사인 줄리아 차일드부터 천문학자인 에드윈 허블에 이르기까지 자신의 첫 번째 전문 분야에서 이미 성공한 사람들이 있다. 원래 줄리아는 비밀 요원이었고 에드윈은 법률가였다. 그러나 그들은 자신이 행복을 느끼는 새로운 분야에서 계속해서 노력했고 결국 큰 성공을 이루었다. 이러한 변화는 쉽지 않고 종종 다른 사람들을 당황스럽게 만들기도 한다. 많은 사람들이 놀라는 예는 얼마든지 들 수 있다. 록밴드 퀸의 리드 기타리스트인 브라이언 메이는 천체물리학 박사에 도전했다. 그는 여전히 공연에서 연주를 하면서 유명한 물리학자로도 활동하고 있다.

이처럼 직업과 행복은 서로 일치하지 않곤 한다. 그 근원에는 우리가 직업을 결정하는 과정의 문제가 존재한다. 우리가 학업을 시작하는 초기에는 즐거움이나 만족감을 가져다주는 것과는 상관없이 필요한 지식을 학습하는 데 많은 시간을 보낸다. 또한 학교에서는 특정한 요구 사항이 있고, 우리는 주어진 기대를 충족시켜야 보상을 받는다는 사실을 알고 있다. 그래서 우리는 공부나 일을 하는 그 자체로 만족하지 못할 때라도, 단지 잘했다는 이유로 주어지는 칭찬이나 인정으로 스스로를 평가하는 법을 배워왔다.

대부분의 사람들은 인정받으면 일에 끌리기 시작한다. 그리고 우리는 그런 일을 따라가다 보면 적당한 직업을 찾으리라 기대한다. 그러나 이러한 선택은 종종 잘하는 것과 책임을 져야 하는 것, 외부의 인정과 평가를 만족시키는 것 사이의 타협으로 끝나는 경우가 많다. 이 타협이 우리를 행복하게 만들 수 있다면 대단한 행운이다.

그러나 현실은 이렇게 끝나지 않는다. 우리가 동의를 구해야 하고 자문을 얻는 사람들은 대부분 돈이나 특권 같은 외형적 결과를 아주 쉽게 받아들인다. 이런 경우 타협은 특히 행복과 연결되지 않는다. 그들은 내가 일에 대해 느끼는 만족감이나 하고 싶은 일을 할 때 느끼는 행복에 대해 거의 알지 못한다.

나는 자기가 좋아하는 일에 애정을 갖고 새로운 직업으로 뛰어드는 사람들에게 특별한 애정을 갖고 있다. 게다가 나는 이런 과정을 한 번이 아니라 두 번이나 겪었다. 나는 언젠가 다시 한 번 이 과정을 밟으리라 기대하고 있기까지 하다.

나는 아주 어린 시절부터 부모님을 따라 과학자가 되겠다고 계획을 세웠다. 그러나 그런 일은 일어나지 않았다. 나는 사실 순수 과학보다는 공학의 길을 더 원했던 것이다. MIT에서 공부를 시작한 초기에는 화학을 공부했다. 그러다 경주용 전기 자동차를 만드는 팀과 일하게 되었다. 그 과정에서 나는 창의적 디자인이 무엇인지, 어떻게 기계를 만드는지 배우며 오랜 시간 작업했다. 그때 나는 내가 무엇인가를 만들기 좋아한다는 사실을 발견하고 깜짝 놀랐다.

부모님의 실망을 뒤로 하고 나는 기계공학으로 전공을 바꿨다. 아버지는 순수 과학자의 시각으로 볼 때 기계공학은 너무 현실적인 분야라고 재단하셨다. 기계공학이 과학자를 만드는 분야가 아니라 사업을 배우는 분야라고 느끼신 게 틀림없었다. 겉으로는 내 선택에 영향을 주려 하지 않았지만 대단히 실망하셨고, 그 실망감을 감출 수 없어 하셨다. 게다가 기대와 달리 나는 박사 과정에 진학하지 않고 석사만 마치고 학교를 떠났다. 세계적인 항공업체인 에어로바이런먼트에서 함께 일하자고 제안해왔고 나는 이 매력적인 제안을 거절할 수 없었다.

순식간에 몇 년이 지나갔다. 그동안 나는 에어로바이런먼트의 다양한 프로젝트에서 일하는 것을 사랑했다. 나는 보조 엔지니어에서 프로젝트 책임자로 승진했고 기계 공학 책임자로 올라갔다가 다시 공학 분야 전체의 책임자가 되었다. 나는 각각의 단계에서 더욱 큰 책임감과 대단한 성공을 이루었다는 인식을 갖게 되었지만, 내가 사랑하는 일로부터 어쩔 수 없이 점점 멀어지게 되었다. 내 직업은 꾸준히 매력을 잃어가고 있었다.

어느 날 나는 내가 다른 사람들을 관리하고 있으며, 그 사람들은 내가 원래 공학에 빠져들었을 때 하던 일을 하고 있다는 사실을 깨달았다. 그들이 바로 나였다. 나는 젊고 건강하고 경제적으로 안정되어 있으며 세계적으로 유명한 회사에서 일하고 있었지만, 우울증에 빠져 헤어날 수 없었다. 내 직업에서 행복하지 않았고 그 이유를 알 수 없는 현실이 이어졌다. 왜 이런 상황에 이르렀는지 이해하지 못하고 아주 끔찍한 시간을 보내야 했다.

나중에야 무엇이 나를 불행하게 만드는지 알았다. 간단하게 말하면 나는 승진을 기대하고 있었고 훌륭한 매니저라는 칭찬을 받고 싶었다. 그리고 그런 일들이 나를 행복하게 만들어줄 거라고 믿었다. 그러나 전혀 아니었다. 나는 창의적이고 복잡한 문제를 원하고 있었다. 그런 일을 할 때의 만족감을 얻고 싶어 했다. 내가 하고 있는 일이 중요하긴 하지만 하루하루를 프로그램과 사람을 관리하는 데 바치는 현실은 기본적으로 그리 만족스럽지도 않았고 열정을 요구하지도 않았다. 나는 이런 일에 만족할 수 없었기 때문에 마치 실패한 사람이라는 느낌을 가질 수밖에 없었던 것이다.

이러한 자각이 나를 의학대학원으로 이끌었다. 나는 다시 '출발점'으로 돌아갈 필요가 있었고 나의 학습 곡선을 다시 가파르게 그리고 싶었다. 내가 풀어야 할 새롭고 다양한 문제들로 가득 찬 세상을 갈망했다. 친구와 가족들, 특히 내 약혼자까지 포함해 내 주변의 반응은 아주 다양했다. 대부분의 사람들은 나를 지지했지만 일부는 내가 성공적인 경력을 버리고 의학대학원에 가기로 한 선택에 대해 약간 당황하는 반응을 보였다. 아주 일부의 사람들은 즉각적으로 부정적인 반응을 보이면서 내게 미친 게 아니냐고 말하기도 했다. 이해할 수 있다. 여러 가지 측면에서 내 선택은 그들의 가치 체계를 무너뜨릴 만한 위협이었다. 나는 그들이 행복하기 위해 필요하다고 여기는 것을 버렸기 때문이다.

이 인생의 전환은 단순히 전공을 바꾸는 것 이상으로 힘든 일이었다. 나는 예비 의학 과정을 마치기 위해 2년의 야간 수업을 거쳤고 5년을 의학대학원에서 공부했다. 이 선택은 내게 고생을 안겨주었지만 나는 언제라도 이런 선택을 주저하지 않을 것이다. 나는 다시 학교로 돌아온 것을 즐겼다.

현재 나는 의학과 기술의 교차 지점에서 일하고 있다. 매일 나는 질문한다. "환자들에게 최고의 치료 환경을 제공하기 위해 어떤 기술을 활용할 수 있을까?" 이것은 창의적인 일이고 만족감을 준다. 또한 항상 답을 찾기 위한 학습을 요구하는 다양한 문제 해결 방식이다.

나는 지금 아주 젊지는 않다. 그러나 나는 건강하며, 세계적인 의학 기술 기업에서 의미 있고 흥미로운 프로젝트를 진행하고 있고, 훌륭한 남편과 열 살짜리 딸이 있다. 그리고 나는 행복하다. 나를 창의적인 상태로 유지하게 만드는 것이 바로 이 행복이다. ▪

Does the work you are doing make you happy?

지금 하고 있는 일이 당신을 행복하게 만드는가?

캐서린 모어

미국 인튜이티브 서지컬의 의학 연구 책임자. 인튜이티브 서지컬은 수술용 로봇 다빈치를 생산하는 세계적인 회사이며, 그녀는 이곳에서 새로운 로봇 활용 수술법을 개발했다. MIT에서 기계공학을 전공했으며, 에어로바이런먼트 사에서 고고도 항공기와 고효율 연료전지 시스템을 개발했다. 이후 스탠퍼드 의학 대학원에 들어가 의료 기구를 개발하는 기업을 만들었다. 현재 그녀는 의학과 공학을 결합한 다양한 사업을 하고 있다. 스탠퍼드 의학대학원 외과 자문교수이며 미국외과대학협회 등 수많은 기관에서 활동하고 있다.

62

진짜 도전인가

분명히 하자. 우리는 모두 바쁘다. 우리는 모두 할 일이 많고 그 일들을 마치기 위해 달려가고 있다.

그러나 만약 당신이 열심히 일하고, 기존의 잘못된 문제에 대해 환상적인 해결책을 제시하고 있다면? 오히려 당신은 시간을 낭비하고 에너지를 낭비하고 있는 것이다.

내가 당신에게 제시하는 질문은 이것이다.

지금 당신에게 주어진 진짜 도전은 무엇인가?

생각보다 답하기 어려운 질문임을 곧 깨닫게 될 것이다. 분명 이 질문으로 인해 어떤 행동에 돌입하기보다는 멈추어 설 것이고 몇 가지

실질적 고민이 발생할 것이다. 나는 무엇보다 이 질문을 통해 당신이 당신 앞에 있는 사람들과 많은 이야기를 하길 바란다. 우리는 '내가 하고 있는 일이 진짜 도전인가?'라는 근본적인 질문에 대해 더 많은 대화를 나누어야 한다.

단지 열심히 일하고 문제를 해결하는 데만 집중해서는 미래로 나아갈 수 없다. 그것은 에너지를 쓰게 만들 뿐, 새롭게 만들어내지 않는다. 그러니 이게 '진짜 도전인가'라는 주제로 많은 이들과 대화하라. 그러면 의외로 단순히 서로를 격려하는 것보다, 더 실질적이고 구체적인 대화가 이루어지는 것을 느끼게 될 것이다. ▪

What's the real challenge here for you?

지금 당신에게 주어진 진짜 도전은 무엇인가?

마이클 번게이 스태니어

박스 오브 크레용 Box of Crayons 의 창립자. 이 단체는 사람들과 조직이 '좋은 일'은 덜 하고 '훌륭한 일'은 더 하도록 돕는 데 도움을 주고 있다. 저서에는 세스 고 딘 등과 공저한 《엔드 말라리아》가 있다.

63

케빈 켈러

시간을 잃어버리고 있는 게 아닐까

하루 24시간이 충분하다고 느껴지는가? 아마 아닐 것이다. 사람들은 대부분 시간이 충분하지 않다고 느낀다. 자기가 필요로 하는 일을 할 만한 시간이 결코 충분하지 않다고 느낄 수 있다. 아주 이상한 방법이지만, 그 시간을 되찾아올 방법이 여기 있다.

세계적인 달리기 선수인 내 처남 제리 리치는 1마일을 4분 이내에 달린다. 우리는 함께 달리면서 시합 경험과 달리기 전략에 대해 이야기하곤 했다. 그의 이야기 중 하나는 크로스컨트리 시합을 할 때면 언덕의 정상에서 시간을 번다는 것이었다. 다른 선수들은 길이 오르막에서 내리막으로 바뀔 때와 같이 시합의 국면이 전환될 때 속도를 늦춘다고 한다. 그는 어떤 시합이라도 이 전환 시점이 핵심이라고 믿었다.

그래서 보통 다른 선수들이 속도를 늦추는 그 전환 시점에서 반대로 시간을 벌기 위해 온 힘을 기울인다고 한다.

　나는 이 개념을 일과 개인 생활에 적용했다. 메모를 하고 이메일을 보내고 운동을 마치고 식사를 마치고 다음 일로 넘어가기 전에 휴식을 갖는 것은 흔한 일이다. 물론 가끔은 회복과 재충전도 필요하다. 하지만 또 다른 많은 일을 하기 어렵게 하는 시간 낭비로 이어지는 경우도 있다. 5분이든 10분이든 그 어떤 일도 하지 못한 채 많은 시간이 지나간다.

　나는 더 많은 일들을 하고 싶었다. 그래서 나는 한 가지 일을 마치고 다음 일로 어떻게 빨리 옮겨가는지를 배웠고 시간을 잃지 않는 법을 배웠다. 나는 이 방법을 자주 활용하면서 꼭 쉬지 않아도 활력이 생긴다는 사실을 깨달았다. 왜냐하면 그다음에 할 일이 이전과는 같은 종류의 일이 아니기 때문에, 새로운 일 자체에 활력을 불어넣는다는 사실을 안 것이다. 이 과정을 한번 시작하자 새로운 일이 주는 모든 것을 즐기게 되었다. ▪

Do you feel like you have enough time in your day?

당신의 하루가 충분하다고 느끼는가?

케빈 켈러

다트머스대학교 투크 경영대학원의 마케팅 담당 교수이다. 브랜드 관리 분야의 교과서로 널리 사용되는 《브랜드 매니지먼트》를 저술했다. 스탠퍼드 경영대학원, 캘리포니아주립대학교 버클리 캠퍼스, 노스캐롤라이나주립대학교 채플힐 캠퍼스에서 교수로 재직했다. 또한 지식 네트워크의 수석 마케팅 컨설턴트이자 마케팅 과학 연구소의 마케팅 이사로 활동하고 있으며, 다양한 포럼에서 최고 경영자들을 대상으로 브랜딩 세미나를 개최하며 활발한 활동을 펼치고 있다.

64

내가 선택하지 않은 일이라는
핑계를 대고 있지는 않나

스스로 선택하지 않은 일을 하고 있는가?

이는 개인의 책임감을 간파할 수 있는 질문이다. 자신이 원하지 않는 일을 하고 있다거나 마음에 들지 않는 상황에 대해 다른 사람을 탓하는 이야기를 너무나도 많이 듣기 때문이다.

또한 자신이 하기로 결정한 것을 어떻게 인식하고 있는지도 정확히 알 수 있다. ▪

Is there anything I'm doing,
that I have not chosen to do?

하고 있는 일 중에서 스스로 선택하지 않은 일이 있는가?

존 매더

미국의 천체물리학자이자 우주론 학자. 코비 위성에 대한 공로로 2006년 노벨 물리학상을 수상하였다. 코비 위성은 우주 배경 복사의 흑체 복사 형태와 비등방성을 최초로 측정했는데, 이 결과는 우주 생성에 관한 빅뱅 이론을 더 공고히 만들었다. 2007년에는 〈타임〉이 선정한 '세계에서 가장 영향력 있는 100인'에 선정되기도 했다. 현재 그는 미국 메릴랜드에 있는 NASA 고다드 우주 비행 센터의 선임 천체물리학자이며 메릴랜드대학교의 겸임교수를 맡고 있다. 또한 2018년 이후에 발사될 제임스 웹 우주 망원경 프로젝트에 참여하고 있다.

65

어떻게 배우는 게
잘 배우는 걸까

누구나 최고의 리더가 되고 싶어 한다. 많은 사람들이 어떤 사람이 최고의 리더가 될 수 있냐고 묻는다. 내 답은 명쾌하다. 최고의 리더는 최고의 학습자이다. 나는 수년에 걸쳐 동료들과 함께 학습 방식과 리더십의 관계를 알아보기 위한 현장 연구를 몇 차례나 진행했다.

우리가 알아낸 것은 학습 방식은 리더십을 배우는 데 결정적인 요소가 아니라는 점이다. 사람들이 자신에게 효과적인 방식에 어느 정도 집중하느냐 하는 점이 더 중요했다. 리더 중에서는 자신이 속한 그룹이 진행하는 학습 방식과는 상관없이 자신만의 스타일에 더욱 집중하는 사람이 우리가 만든 리더십 측정 방식에서 높은 점수를 기록했다. 최고의 리더는 최고의 학습자였다.

학습은 대단한 기술이다. 사람이 호기심을 갖고 무엇인가를 배우려고 하면, 학습에 완벽하게 집중하지 못하는 사람보다 더 좋은 결과를 얻을 수 있다. 당신이 진심으로 실험하고 사고하고, 읽고 혹은 조언을 구할 때 개선의 기쁨을 경험할 수 있고 성공의 향기를 맡을 수 있다. 하면 할수록 나아지는 게 바로 학습이다. 따라서 지속적으로 학습에 집중하고 개방적인 자세를 유지하고 호기심을 잃지 않아야 한다.

당신이 리더가 되고 싶다면, 보다 나아지고 싶다면, 이 질문을 스스로에게 묻고 타인에게도 물어보아야 한다.

일주일 전보다 더 나아지기 위해 어떤 노력을 기울였는가? 이를 위해 지난주에 한 일은 무엇인가? 그 결과 이번 주에 더 나아진 일은 무엇인가?

이렇게 매주 배우고 적용한 내용을 자신과 타인에게 물어보는 게 발전을 위한 좋은 방법이다. 이 방법은 매주 당신이 배운 것에 집중할 수 있게 하고 지식과 기술, 태도를 키워준다. 만약 이 학습법을 지켜 매주 스스로에게 질문을 던진다면, 삶의 모든 면이 더욱 발전할 것이다.

몇 가지 팁을 더 알려주고 싶다.

❶ 학습 일기를 써본다. 배운 것과 독서를 통해 얻은 것을 기록하고 다른 사람의 행동을 관찰한 결과를 남겨라. 당신이 경험한 많은

내용도 기록해야 한다.

❷ 삶을 더 나아지게 만드는 데 도움을 주는 일을 했을 때마다 일정표에 기록해라. 예를 들면 당신이 참여한 토론에 대해 이렇게 쓸 수 있다. "사람들과의 토론에서 능동적으로 듣는 능력을 향상시키기 위해 개방형 질문법을 활용했다." 아니면 더 짧고 단순하게 "개방형 질문법 활용"이라고 쓰면 된다. 자신의 발전을 스스로 추적하는 것은 모든 발전 과정의 핵심이다. 모든 전문가들은 자신이 어떻게 했는지 기록하는 방법을 갖고 있다.

❸ 매주 스스로의 발전 상황을 점검하는 시간을 갖는다. 주초나 주말, 아침이나 저녁이나 당신이 스스로를 점검하는 시간을 가질 때 중요한 것은 꾸준함이다.

❹ 한발 물러서서 당신의 발전 상황을 되돌아보자. 발전을 이룬 스스로에게 줄 수 있는 보상을 찾아라.

❺ 이상적인 방법은 매주 당신의 발전 상황을 점검해줄 수 있는 코치를 찾는 것이다. 코치는 친구나 신뢰할 만한 동료, 가족 중에서 찾을 수도 있다. 자신의 지속적인 발전에 대해 말해줄 수 있는 사

람을 갖는다는 것은 아주 유용한 일이다. 우리는 신뢰할 만한 조언자의 존재가 전문 지식을 개발하는 데 가장 중요한 요소라는 점을 연구 결과로서 확인해왔기 때문이다. ▪

What have you done in the last week to improve
so that you're better this week than you were
a week ago?

더 나아지기 위해 지난주에 한 일은 무엇인가?

그 결과 일주일 전보다 나아진 일은 무엇인가?

짐 쿠제스

산타클라라 경영대학원 리더십 과정의 책임자. 200만 부가 넘게 팔린 베스트셀러 《리더십 챌린지》를 베리 포스너 Barry Posner 와 공저했다. 세계에서 가장 많이 활용되는 리더십 평가 도구인 LPI Leadership Practices Inventory 역시 이들의 산물이다. 〈월 스트리트 저널〉은 짐 쿠제스를 미국에서 가장 유능한 교육자 10인 중 한 명으로 지목했다. 2010년에는 교육시스템협회가 수여하는 사고의 리더상을 수상했다.

인생에서 무엇을 찾고 있는 거지?

인생에서 무엇을 찾고 있는가? 이 질문은 매우 답하기 쉽다. 너무 쉬워서 잘못된 대답이 나올 수도 있다. 그 이유는 간단하다. 우리는 부나 명성 같은 평범한 대답이나 혹은 가족이나 사랑, 행복과 같은 번지르르하게 정치적으로 올바른 대답에 길들여져 있기 때문이다. 적어도 60여 년 동안 내가 만난 사람들 중에 솔직하고 정확하게 이 질문에 답할 수 있었던 사람은 소수에 불과했다.

명성, 존경, 명예와 같은 것들을 예로 들어보자. 명성은 전혀 추천할 바가 못 된다. 당신 주변에 있는 사람들에게 존경을 받는다는 것은 가치 있는 일이다. 그러나 명성은 훌륭한 식당에 근사한 음식이 놓여 있는 상황을 제외하고는 그저 두통만 일으킨다. 사생활은 실종되고 소문만 요란하고 공격적인 파파라치만 들끓는다.

오히려 부는 그리 나쁘지 않을 수 있다. 그러나 부자라고 알려지는 것은 명성보다 더 나쁘다. 명성이 치러야 하는 대가에다 새로운 친구를 만들 수 없는 어려움을 안겨준다. 새로운 친구를 만날 때마다 그가 당신에게 진짜 원하는 게 무엇인지 고민하게 될 것이다.

그렇다면 가족을 비롯한 주변 사람들에 대한 사랑인가? 그건 비교적 쉬운 대답이다. 나쁘지 않다. 그렇다면 이런 질문을 해보자. 당신은 가족과 그들에게서 보다 많은 찬사를 원하는가? 혹은 단순하게 타인으로부터 사랑을 받고 싶어 하는 것인가? 아니면 당신이 사랑하는 사람들로부터 더 많은 지지와 감정적 교감을 원하는가? 이렇게 묻다보면 그제야 깨닫게 될 것이다. 누구나 보편적으로 추구하는 '사랑'이 왜 그토록 어려운 것인지를.

그럼 이런 건 어떤가? 많은 사람들이 평화롭고 조용하게 시간을 보낼 수 있는 호숫가에서 은퇴 이후의 삶을 보내기 원한다. 어떤 사람들은 이 꿈을 이루지만 불행하게도 그 삶은 매우 지겹고 불행하다는 것을 알게 된다. 이런 건 어떤가? 어떤 사람들은 세계적인 지도자로서 존경받고 권력을 갖게 되길 바란다. 일부의 사람들은 이 꿈을 이루지만 그에게 남겨진 것은 수많은 사건과 빈약한 지지, 비난이라는 사실을 깨닫는다.

의학대학원의 한 친구는 하버드 의학대학원 약학과의 학과장 자리에 오르는 것이 자신이 가장 원하는 바라고 확신했다. 그러나 그는 이혼했고 자녀들의 사랑을 잃었으며 심각한 질병과 스트레스에 시달렸다. 그는 나중에야 자신이 진정 원하는 바를 몰랐다는 걸 깨달았다.

출처는 불분명하지만 새겨들을 만한 불교의 가르침이 있다. 한 스님이 어린 제자에게 물었다. "인생에서 가장 중요한 것이 무엇이냐?" 어린 제자는 거침없이 답했다. "부처의 가르침입니다." 그러자 스님은 어린 제자의 옷깃을 잡고 냇물로 제자를 밀어 넣었다. 얼굴을 물속에 집어넣자 제자는 공포에 떨며 몸부림을 쳤다. 제자의 머리를 물에서 빼주면서 스님은 제자에게 다시 똑같이 물었다. 제자는 "공기요!"라고 외쳤다.

이 이야기는 무엇을 말해주는가? 우리는 명확한 것을 잃어버리고 우리의 우선순위를 이해하지 못한다. 삶의 중요한 순간에도 말이다. 삶에서 가장 중요한 것은 당신에게서 제일 먼저 나오는 사소하고 쉬운 답이 아니다. 좀 더 바닥을 파보자. 스스로를 알기 위해 노력하자. ▪

What are you looking for in life?

당신은 인생에서 무엇을 찾고 있는가?

마이클 포셀

미시간주립대학교 의학과 임상교수로 노화 방지 분야의 세계적 권위자이다. 미국응급의학협회, 미국과학진흥회, 미국노화협회 등 다수의 과학협회 회원으로 활동 중이다. 또 미국국립보건원과 스미스소니언협회를 비롯, 여러 협회와 대학 등 다양한 곳에서 강의를 펼치고 있다. 1996년 출간한 《노화 되돌리기 Reversing Human Aging》에 관한 리뷰가 미국의 저명한 과학지 〈사이언티픽 아메리칸〉과 주요 일간지에 대대적으로 실리며 화제에 올랐다. 저서에는 공저인 《텔로미어》 등이 있다.

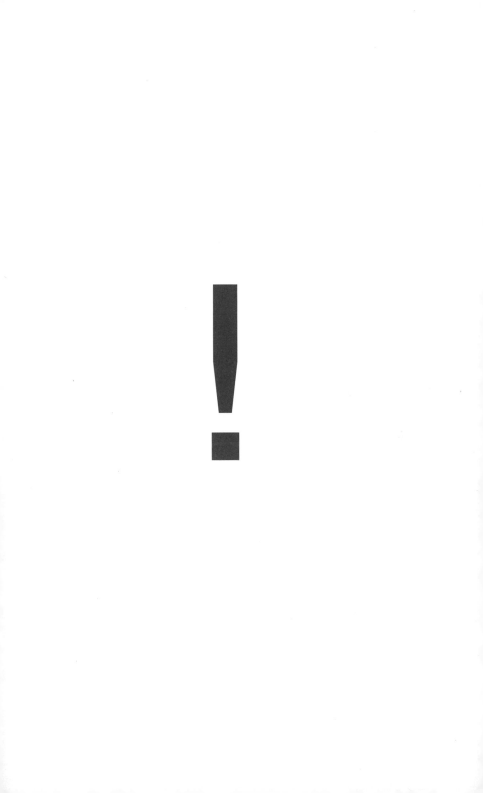

67

나는 내 시간의 조정자인가

시간을 어떻게 사용하고 있는지 심각하게 생각해본 적이 있는가. 어느 분야에 시간을 써야 하고 어느 분야에는 쓰지 말아야 할지 고민해보자. 나는 나에게 시간을 요구하는 요청에 대해 우선 '아니요'라고 대답한다. 그리고 요청이 들어올 때마다 그 요청이 어떤 가치를 지니고 있는지를 먼저 분석한다.

나는 내 삶의 우선순위에 따라 달력에 직접 표시한다. 우선순위가 무엇이냐고? 그건 사람마다 다를 수 있다. 내 경우에는 매일 유산소 운동을 하고 화요일과 금요일에는 웨이트 트레이닝을 한다.

여행을 할 때는 항상 아침 첫 비행기를 이용한다. 첫 비행기는 대개 정시에 출발하고 비행기는 이미 그 전날 밤부터 게이트에 대기하고 있다. 나는 일간 스케줄러에 친구나 가족과 함께할 시간을 할애한다. 좋은 관계를 유지하기 위해서다. 책을 쓸 때는 아침 8시부터 10시까지를 한 달 전에 미리 할애한다. 삶의 우선순위를 만들고 이 약속을 지키는 것이 목표한 바를 이룰 수 있는 가장 좋은 방법이다. 이견이 있는가?

그런데 놀랍게도 대부분의 사람들은 시간을 관리하고 삶을 조절하기 위한 개인적 계획 시스템 없이 살고 있다. 당신은 시간을 조정해야 한다. 시간이 당신을 조정하게 놓아두면 안 된다.

나는 하루와 한 주와 한 달을 계획하기 위한 조직적인 체계를 만들었다. 매일 아침 나는 15~30분 정도 조용히 앉아 무엇을 해야 하는지 생각한다. 그런 다음 이 일들을 내 수첩의 '해야 할 목록' 칸에 써놓고 일의 우선순위에 따라 긴급Urgent, 필수A-Vital, 중요B-Important, 한정C-Limited으로 분류한다. 자유 시간이 주어질 때면 수첩을 펼치고 정해놓은 순서에 따라 일한다.

나에게는 '계획 시간Planning Time'이라는 것도 있다. 말 그대로 앞으로 해야 할 일들을 계획해보는 것이다. 나는 이때 내 삶의 각종 책임에 대해 생각한다. 내 직업과 관련된 업무와 사람들은 물론 연금이나 건강과 같이 먼 훗날에 더 귀한 값을 하는 것들에 대한 책임도 생각한다. 긴 시간 뒤에 도움이 되는 것들이 분명히 있다. 그런 일들은 나중에 반드시 진가를 발휘한다. 금연이 훗날 진가를 발휘하는 것처럼 말이다.

고려해야 하는 책임을 위주로 계획해보는 것도 도움이 된다.

　—가정과 집에 대한 책임(집 수리, 명확한 가사 분담)

　—가족과 친구에 대한 책임(친구, 동업자, 배우자, 자녀, 부모)

　—종교 혹은 영적인 책임(헌신)

　—공동체적 책임(약속, 자원봉사)

　—은퇴(소득 계획, 투자, 시간)

　—건강(다이어트, 운동, 의료, 수면)

　—사회적 책임(오락, 관계 형성, 사회적 활동)

　—약속(타인에게 한 약속)

　—커뮤니케이션(소통, 대화, 조언, 상담, 생일, 기념일)

　—자기계발(독서, 학원, 학교, 경험, 지속적 학습)

이렇게 하는 이유는 시간을 아껴 쓰기 위해서가 아니다. 나의 시간을 타인이 결정하지 못하게 하기 위해서이다. 그것이 헌신과 봉사를 위한 시간이라 하더라도, 남이 결정하게 하지 말아야 한다. 그럴 때 더 진정한 헌신과 봉사가 가능하기 때문이다. 하물며 다른 일이야 말해 무엇하겠는가.　▪

How do you spend your time?

당신의 시간을 어떻게 쓰고 있는가?

리 코커렐

전 월트디즈니 월드 운영 담당 부사장. 디즈니 연구소를 대표하여 리더십 교육을 하고 있다. 세계적인 기업, 정부 기관과 비영리단체 등에서 강연을 한다. 주요 업적 중 하나는 월트디즈니 월드의 7천 명에 달하는 간부들의 교육에 활용되는 〈디즈니의 뛰어난 리더가 되기 위한 전략〉을 만들어낸 것이다. 저서에는 《크리에이팅 매직》 등이 있다.

68

마이클 미칼코

실패가 아니라 발견이라면?

아이는 끊임없이 시도하고 실패한 끝에 걷기를 배운다. 처음 걷기를 시도했을 때는 넘어지고 다시 기어가기로 돌아온다. 넘어지는 것에 대한 두려움과 시도의 결과에 대해서 크게 신경 쓰지 않는다. 일어서고 넘어지기를 끝없이 반복한다. 불안하나마 걸음을 뗐다가도 다시 넘어진다. 그러다가 결국은 똑바로 걷는다. 만약 우리가 유아기에 실패에 대한 공포를 배웠다고 가정하자. 우리 대부분은 아직도 걷지 못하고 네 발로 기어 다닐 것이다.

우리는 비판적으로 사고하도록 교육받았기 때문에 무기력에 대한 강력한 변명을 상상하고 현실로 다가오는 것을 방관한다. 어떤 시도도 하기 전에 말이다. 공포는 실패할 수도 있다는 환상, 우리를 무의미하게 만드는 실패에 대한 환상에 의해 유지된다. 우리는 어떤 일을 시도하기도 전에 이 공포를 현실로 만들어버린다.

진짜 현실에서는 우리에게 실패란 없다.

무언가를 시도하고 실패했다고 말할 때마다 우리는 또 다른 일을 해낸 셈이다. 당신은 실패할 수 없다. 오직 결과를 만들어낼 뿐이다. 제대로 진행되지 않는 일에서 배운 것은 무엇인가? 이 결과는 내가 설명하려고 하지 않았던 다른 것을 설명할 수 있을까? 나는 이 결과를 가지고 무엇을 할 수 있을까? 내가 발견하려고 하지 않았는데 새롭게 발견한 것은 무엇인가?

성공하기 위해서 실패하는 법을 배워야 한다는 것은 인생의 아이러니이다. 헨리 포드가 최초로 세운 두 자동차 회사는 모두 실패로 돌아갔다. 이 실패에서 배운 경험이 헨리 포드를 조립 라인 생산 방식을 도입하게 만들었고, 세계 최초로 상용화가 가능한 자동차를 생산할 수 있게 만들었다.

최초의 비행기를 생각해보자. 자전거 정비공인 오빌과 윌버 라이트는 최초로 비행기를 이륙시키는 데 성공했다. 세상에서 가장 유명한 과학자와 엔지니어도 해내지 못한 일을 두 자전거 정비공이 어떻게 성공시켰을까? 라이트 형제의 일지를 살펴보면 그들의 직관과 실행력이 치밀하게 엮여 있음을 알게 된다. 그들은 수년에 걸쳐 날개의 모양이나 뒤틀림 같은 문제들을 헤쳐나갔다. 조정이 필요한 작은 실수들을 저질렀지만 이 실수들은 개선의 계기가 되었고 그 배경에는 통찰을 이끌어내는 작지만 빛나는 직관이 있었다. 그들의 수많은 실수는 기대하지 않았던 새로운 방법을 이끌어냈고 비행이 가능하도록 만든 수많은 발견의 초석이 되었다.

실패는 발견으로 가는 출입문이다. 당신이 무슨 일을 한 뒤에 의도했던 결과는 얻지 못했지만 흥미로운 결과를 얻었다면 다른 모든 것을 버리고 그 결과를 연구해라. 심리학자 스키너는 이것이 과학적 방법론의 첫 번째 원칙이라고 강조한다. 이것은 노벨 물리학상을 받은 윌리엄 쇼클리와 벨 연구소 팀이 행한 방법이다. 그들은 원래 MOS 트랜지스터를 만들기 위해 팀을 만들었다. 결과는 접합형 트랜지스터와 새로운 반도체 물리학의 탄생이었다. 이러한 발전은 궁극적으로 집적회로의 탄생으로 이어졌고 컴퓨터와 전자공학의 새로운 혁명을 만들어냈다.

실패로부터의 발견에 대한 질문에 답해보자. 기대하지 않았던 길은 창조의 필수적인 조항이다. 이것은 단순한 행운이 아니라 궁극의 질서 속에 있는 창조적 직관이다. 듀퐁의 화학자인 로이 플런킷은 새로운 냉매를 발명하기 위해 연구를 시작했다. 결과는 열을 전도하지만 표면에 들러붙지 않는 하얀 왁스 형태의 물질 몇 방울이었다. 이 새로운 물질에 매료된 그는 초기의 연구 계획을 포기하고 이 흥미로운 물질과 씨름을 벌였다. 그 결과 탄생한 것이 '테플론'이다.

토머스 에디슨이 전구를 발명하기 위해 노력하는 동안 그는 수천 번의 실패를 경험했다. 그는 결과를 기록했고 수정을 가하고 다시 시도했다. 그는 완벽한 전구를 만들기 위해 만 번 정도의 실험을 해야만 했다. 한번은 조수가 에디슨에게 실패를 거듭하면서도 전구에 대한 연구에 집중하는 이유를 물었다. 에디슨은 "아직은 포기할 때가 아니지 않은가?"라고 답했다. 조수의 질문 자체가 의미 없다고 여긴 것이다. 에디슨은 단순히 실패한 게 아니라 전구가 제대로 작동하지 않는 만 가지 경우를 배웠다고 말했다. 에디슨에게는 실패만큼 소중한 경험이 없었던 것이다.

여기에서 말하는 교훈은 당신이 무엇인가를 실패로 바라보면 아무것도 배우지 못한다는 것이다. 실패는 당신의 선생이다. 무엇보다 실패는 발견이다. 다시 한 번 말하지만, 진짜 현실에서 실패란 없다. 실패는 당신의 머릿속에서 그렇게 생각할 때 일어날 뿐이다. ▪

When you attempt to do something and don't get
the result you want, do you consider it a failure?

어떤 일을 한 결과가 당신이 원하던 바가 아니라면, 그 일이 실패라고 생각하는가?

마이클 미칼코

세계적인 창의력 전문가. 듀퐁, 켈로그, 코닥, MS, GM, 포드, AT&T, 월마트,
질레트, 홀마크 등 세계적 기업과 미 정부 산하의 여러 기관에서 창의적 사고에
대한 교육을 진행했다. 한때 미 육군 장교로서 나토에서 정보팀을 운영했으며,
독일 프랑크푸르트에 창의적 사고 기법을 연구하는 글로벌 아카데미를 설립했
다. 이때 그가 개발한 방식들은 나토를 비롯해 사회 곳곳의 정치·경제적 현안
에 대한 창의적 솔루션으로 각광받았다. 저서에는《생각을 바꾸는 생각》,《창의
적 자유인》 등이 있다.

69

왜 이걸 믿어야 하지?

지금 나에게 말하고 있는 사람이 진실을 말하고 있다고 어떻게 믿을 수 있는가? 우리에게 말하는 모든 사람들은 무엇인가를 팔려고 한다. 정치인들은 자신이 어떻게 더 나은 세상을 만들 것인지에 대해 떠든다. 종교 지도자들은 어떤 특정한 일을 하면 당신의 삶과 미래가 더 좋아진다고 말한다. 선생과 부모는 공부를 열심히 해서 좋은 성적을 받는 것이 매우 중요하다고 이야기한다. 제약 회사는 당신의 몸을 좋게 만드는 약이 있다고 말한다. 생수 회사는 탈수증에 걸릴 경우를 대비해 자기 회사에서 만든 물을 전 세계에 걸쳐 가지고 다니라고 광고한다.

그렇다면 선생이 말한 대로 하지 않고, 물병을 가지고 다니지도 않는다면 무슨 일이 벌어질까? 우리의 삶을 개선하겠다는 정치인의 약속이 실제로는 전혀 지켜지지 않고, 먹으면 몸에 좋다는 약이 몇 년 뒤에 몸에 해롭다는 사실이 밝혀지는 사례는 얼마나 자주 있었는가?

우리가 듣는 소리의 이면에 숨은 진실을 찾아내기는 매우 어렵다. 그래서 진실을 찾아내기 위해서 나는 간단한 법칙을 활용한다. 돈(이익)을 찾는 것이다.

하나의 약을 판매해서 얼마나 많은 '돈'이 제약 회사로 가는가? 약품의 신뢰도를 측정하는 실험은 제대로 이루어졌는가? 중요한 학교 시험들은 정확히 어떤 이유로 치러야 하는가? 인생에 대해 이해하고 있는 것들을 사지선다형 객관식 문제로 측정할 수 있는가? 이런 모든 시험을 보게 만드는 사람(들)은 누구인가? 간단한 형태의 시험으로 시간을 절약한 학교가 학생을 만나보지도 않고 학생을 평가했다고 말할 수 있을까? 시험을 잘 보는 사람이 인생에서도 잘 살 수 있을까? 부모에게 부모로서의 삶에 관해 사지선다형의 시험을 출제할 수 있을까?

군비를 증가시키고 누군가를 공격하고 당신에게 본인을 후원하라고 떠미는 정치인을 볼 때, 이런 행동을 통해 돈을 버는 사람이 누구인지 궁금하지 않은가? 아이젠하워 대통령이 의회에서 왜 "군산 복합체를 조심하라"고 말했을까? 그런 이익이 어디에서 누구에게 발생하는지 물어보는 것은, 우리를 진실에 훨씬 가깝게 만든다.

또 하나의 방법은 증거를 찾는 것이다. 돈의 정체를 찾기 전에 무엇이 그 말의 증거를 만드는지 이해해야 한다. 누군가 당신에게 말을 했다고 해서 무조건 그걸 진실이라고 믿지는 않을 것이다. 우리 스스로는 자신의 믿음을 뒷받침하는 증거를 원한다.

사람들은 태양계에 행성 아홉 개가 있다는 사실을 쉽게 믿는다. 그렇다면 그 증거는 무엇인가? 천체 전문가와 함께 망원경으로 직접 보았나? 아마도 그렇게까지 중요한 믿음은 아닐 것이다. 그러나 어느 날 우리는 태양계에 행성이 여덟 개밖에 없다는 걸 알게 된다. 믿음은 우리가 개인적으로 경험하는 증거에 의해 뒷받침되어야 한다.

그러니 '진실'이라고 외치는 사람들에게 어려운 질문을 던지자. 그 사람에게 어떻게 알았는지 물어보자. 남의 말을 듣고 그대로 따라하지 않은 사람들에게 무슨 일이 벌어졌는지 알아보자. 그들의 삶은 더 나아졌을까? 하버드대학교의 졸업 비율은 97퍼센트에 달하지만 빌 게이츠나 마크 주커버그는 하버드를 졸업하지 않았다. 당신이 하지 않았지만 그들은 알고 있을 그 무엇, 그것이 무엇이라고 생각하는가? 아마도 그들은 저 질문을 수시로 던져보았을 것이다. 장담할 수 있다. ▪

Why do you believe what you believe?

당신이 믿고 있는 것을 왜 믿는가?

로저 쉥크

미국의 인공지능 전문가이자 교육 철학자. 소크라틱 아츠Socratic Arts의 최고경영자이다. 전 예일대학교 컴퓨터과학과 및 심리학과 교수이자 예일대학교 인공지능 프로젝트의 회장을 지냈다. 카네기멜론대학교에 교육공학 연구소를 설립하는 데도 큰 역할을 했다.

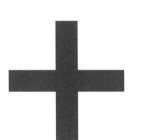

70

로빈 로젠버그 & 스티븐 코슬린

나에게 초능력이 생긴다면?

초능력을 가질 수 있다면 어떤 것을 선택하겠는가?

비행하는 능력을 원하는가?

벽을 투시하는 능력? 아니면 시간을 멈추는 능력?

다른 모든 것을 제외하고 그 능력을 선택한 이유는 무엇인가? 그러한 초능력이 주어진다면 정확하게 무엇을 하고 싶은가? 그 능력을 사용하는 시나리오를 상상하고 그 뒤에 어떤 기분이 들지 생각해보라.

이런 질문도 한번 해보라. 부자가 되는 것처럼 이기적인 목적을 위해 그 능력을 사용할 것인가, 아니면 다른 사람을 위해서 사용할 것인가? ▪

Robin Rosenberg & Stephen Kosslyn's Question

If you could have any superpower, what would it be?

초능력을 가질 수 있다면 어떤 것을 선택하겠는가?

로빈 로젠버그

미국 캘리포니아 주의 멘로 파크와 샌프란시스코에서 주로 활동하는 임상심리학자. 레슬리대학교와 하버드대학교에서 심리학을 가르쳤다. 미국전문심리학협회로부터 인증받은 임상심리학자이며, 공인 임상 최면술사로도 명성을 떨쳤다.

스티븐 코슬린

미국의 심리학자이자 신경과학자. 하버드대학교 심리학 및 사회과학 교수로 재직했다. 인지심리학 및 인지신경과학 분야를 전문으로 하는 작가이자 교육가로 잘 알려져 있다.

71

스티브 풀러

과학과 이성의 힘을 믿는가

'믿음'의 정도를 가늠하고 싶다면 신을 향한 믿음에 대해 묻지 마라. 그 대답은 너무나 쉬울 수도 있다. 그 대신 과학을 믿는지, 어느 정도로, 왜 믿는지 스스로에게 물어라. 인간이 겪는 모든 문제에 대한 해결책에는 확실한 과학적 이유가 있다.

나는 상당히 넓은 범위의 지식과 정보 등을 바탕으로 과학을 믿고 있다. 이러한 내 신념의 바탕에는 과학의 역사에 대한 이해가 자리하고 있는데, 이는 지금까지의 과학의 실제 결과보다는 과학의 기원을 더욱 중시하기 때문이다.

어쩌면 이러한 나의 관점이 직관을 거스르는 것처럼 보일 것이다. 과학은 보통 우리가 무언가를 공유하고 행할 수 있게 만들어준 훌륭한 것이라는 차원에서 옹호된다. 하지만 진정으로 과학이 준 결과에 기인하여 과학을 정당화하고자 한다면, 우리는 특히 20세기에 과학이 초래한 수 없이 많은 죽음과 고통을 살펴보아야 한다. 두 번의 세계대전과 현재도 진행 중인 환경 파괴 말이다. 그렇다. 과학은 훨씬 더 많은 사람들이 생존할 수 있게 만들었지만 그 사람들의 삶의 질은 그다지 좋지 않았을 수도 있다.

이처럼 과학의 결과가 인류에 부정적인 영향을 준 사례도 많다. 그럼에도 불구하고 과학에 대한 신념을 포기하지 말아야 하는 이유는 무엇일까? 지금보다 적은 인구가 지구상의 다른 생명체와 더불어 살던 과학 발생 이전의 좁은 세상에서 사는 것이 낫지 않을까? 그러한 생태적 유토피아로 돌아가기엔 너무 늦었을 것이다. 적잖이 놀라운 사실은 이러한 주장을 하는 사람이 그리 많지 않다는 것이다. 사람들 대부분이 직접적이든 간접적이든 과학이 초래한 해로움은 과학이 더욱 발전하면 바로잡을 수 있다고 믿을 정도로 과학에 대해 신념을 갖고 있는 것 같다.

그렇다면 과학 때문에 생긴 고통이나 상처는 정말 치유가 가능한 것일까? 과학 때문에 야기된 고통을 남은 일생 동안 끊임없이 저절로 생기는 '상처'로 여긴다면 많은 도움이 될 것이다. 여기서 중요한 것은 필수적인 기능들은 언제 어디서든 계속 수행되지만, 상처가 생기는 영역은 계속 달라진다는 점이다. 더 나아가 상처가 생겼다가 치유된 영역 덕분에 앞으로 비슷한 상처가 주는 충격에 대해 면역력이 생길 것이다.

예를 들어 20세기 초반, 자동차가 출현했을 때 최고의 반응은 자동차를 피하는 것이 아니라 운전하는 법을 배우는 것이었다. 그럼으로써 그 전까지 말이 끌던 교통수단에서 얻은 것과 같은 편리함을 누릴 수 있다는 사실을 깨닫는 것이었다. 이러면서 그 뒤에 출현할 자동차 모델을 평가할 새로운 기준이 만들어졌다. 말에서 자동차로 옮겨가는 과정에서 '알곡과 쭉정이'를 골라내는 일을 경험하고, 자동화된 교통수단이 도입됨으로써 일어난 혼란 때문에 정확히 말의 어떤 점을 가치 있게 평가하게 되었는지에 대해 진지하게, 아마도 난생 처음으로 생각하게 될 것이라는 의미이다. 그러한 가치가 오늘날 자동차를 통해 더욱 잘 전달되는지와 상관없이 말이다.

간단히 말해 진정한 믿음을 갖기 위해 우리는 살아 있는 한 끊임없이 방법의 타당성을 재평가해야 한다. 과학은 흔히 '가치중립적'인 것이라고 인식되지만, 오래된 골동품 자동차야말로 가치의 급진적 변화를 나타낸다. 당신이 눈을 뜬 채 이러한 가치 변화에 직면했을 때 자문해야 할 물음은 다음과 같다.

❶ 당신의 존재가 지니는 '핵심 의미'는 무엇인가? 타협의 여지가 없는 것인가? 생명의 근거를 과학에서 찾는 것은 결국 대립되는 것 사이에서 끊임없이 균형을 잡는 일이다. 그렇게 균형을 잡음으로써 당신은 더욱 바람직한 결과를 도출하고, 자신이 언제나 원하던 일을 더욱 '효율적으로' 할 수 있다. 그러므로 자신의 존재가 지니는 핵심 의미를 알아야 한다.

❷ 필요한 균형을 이루기 위해 당신이 지향해야 할 목표를 명확히 인지하고, 그 결과 협상에서 유리한 위치를 차지할 수 있는가? 과학으로 인해 우리는 모든 것을 기능적 차원에서 사고하며, 그러한 까닭에 적절한 대가를 치른다면 무엇이든 다른 것으로 대체할 수 있다고 생각한다.

❸ 이러한 맥락에서 '힘의 위치 position of strength'로부터 작동한다는 말은 무슨 의미인가? 나는 덕목을 법적 책임으로, 법적 책임을 덕목으로 바꾸기 위해서는 놀라운, 감히 '신의 경지에 다다른' 능력이 필요하다고 생각한다. 당신은 자기 목적을 더욱 완전하게 실현시켜 줄 새로운 시야를 갖는 대가로 과거의 소중한 면을 버릴 의지가 있어야 한다. ▪

Do you have faith in science?

과학을 향한 믿음이 있는가?

스티브 풀러

컬럼비아대학교 대학원의 역사학과와 사회학과를 최우등으로 졸업했다. 1981
년 케임브리지대학교에서 과학철학과 역사학으로 석사 학위를, 1985년 피츠버
그대학교에서 '과학과 법의 제한적 관계'에 대한 연구로 박사 학위를 받았다.
이후 콜로라도대학교, 버지니아공과대학교 등에서 학생들을 가르쳤으며 1999
년부터 영국 워윅대학교에서 교수로 재직 중이다. 그는 과학과 사회와의 관계
를 주로 연구하고 있다. 자연과학자들과 인문사회과학자들 사이에 벌어진 격렬
한 논쟁인 '과학 전쟁', 일부 과학자들과 종교인들을 중심으로 논의되고 있는
'지적 설계' 등 다양한 주제에 참여하고 있다. 저서로는 《지식인》, 《쿤/포퍼 논
쟁》 등이 있다.

72

너무 거창한 사람이
되려고 하는 건 아닌가

타인에게 의미 있는 기여를 하고자 하는 나의 꿈이, 혹시 내가 지금 앞
으로 나아가는 데 방해가 되는 것은 아닐까?

많은 사람들이 타인에게 도움이 되는 삶을 꿈꾼다. 그리고 사랑받기
를 원한다. 때로 타인에게 기여하고자 하는 꿈은 실제로 사랑받기를
원하는 사람들이 머릿속으로 만들어내는 비밀 통로와도 같다. 무언가
를 성취해야 사랑받을 자격이 있는 것처럼 말이다. 하지만 그런 성취
를 위해 너무 노력하지 않는 것이 좋다. 그 환상 속에 담긴 거짓이 명
확하게 드러날 것이기 때문이다.

마음속 깊은 곳에서 우리는 그러한 사실을 알고 있다. 내가 도움을
주는 것을 통해 사랑받고자 하는 꿈은 안전하게 그저 꿈으로 남게 될
뿐이다. 사랑받기 위해 무언가를 성취해야 한다면, 그건 현재 당신이

사랑받을 수 없다는 의미이다. 또한 도움을 주는 어떠한 행위들, 즉 헌신이나 기부, 기여 등으로 타인에게 사랑받을 수 있다는 메시지를 믿는다면, 다른 이의 상처에 진정으로 공감하고 가치를 공유할 수 없게 된다. 그저 사랑하고 사랑받는 능력이 약해질 뿐이다.

때로 고통을 겪으며 인간의 욕구가 무엇인지 깨달을 때도 있다. 당신은 가족이 고통받는 모습을 본 적 있을 것이다. 당신은 누군가가 욕구를 충족시키지 못하고 기회를 낭비하거나 삶을 허비하는 모습을 본 적 있을 것이다.

그럴 때 당신은 '틀림없이 다른 방법이 있을 거야' '뭔가를 바꿀 수 있어' 심지어 '바꿀 수 있는 방법을 알아'라고 생각할 수도 있다. 바로 이 순간이 중요하다. 타인을 위해 열정적으로 헌신할 수 있는 기회를 발견한 것이기 때문이다.

당신은 지체 없이 도전 과제를 뛰어넘고 대처해야 한다고 생각할 것이다. 분명 때때로 그렇게 하는 사람도 있다. 하지만 대부분은 갈등을 겪는다. 변화를 일으킬 수 있는 길을 발견하더라도, 우리의 이성은 곧 실패할 위험을 무릅쓰지 말고 소극적으로 대처하라고 말한다.

그러고 나면 자기 의심, 미루기, 회피, 주의 분산, 무분별함, 자기 파괴가 시작된다. 그리고 꿈은 갈 길을 잃은 채 그 자리에 머물러 있다. 전혀 놀라운 일이 아니다. 본래 큰 꿈은 큰 저항을 만들어내게 마련이다.

내면을 향해 질문해보라. "넌 네가 무엇이라고 생각하는가?"

내면의 한 목소리가 대답할 것이다. "넌 실패할 거야."

또 다른 내면의 목소리는 비웃을 것이다. "이런 사기꾼 같으니라고. 마음을 쓰는 척하지만 사실은 전적으로 너를 위한 거잖아."

그런 상황에 처해 한동안 꼼짝도 못했다면 얽매인 장소에서 빠져나갈 방법이 과연 있을지 당신은 의문이 들 것이다. 정말 전혀 빠져나갈 수 없을 때 나는 다음과 같은 사실을 떠올린다.

"변화는 바로 이곳에서 시작된다. 그렇지 않으면 아예 일어나지 않는다. 변화는 지금 일어난다. 아니면 시작조차 하지 못한다. 구체적이고 대단하지 않은 단계를 반복해서 실행하는 일이 내가 지금 이곳에서 이룰 수 있는 변화이다. 작은 것이어야 한다. 반복해야 한다. 구체적인 단계를 지금 시작해야 한다."

지금.

오늘.

아무리 늦어도 내일.

하지만 지금.

당신은 직접 고통을 겪고 타인이 고통받는 모습을 지켜보았고, 그

덕에 교훈을 얻었다. 이는 값진 교훈이다. 하지만 자신이 도움을 줄 능력이 있다고, 이번에야말로 크게 해보겠다고 스스로에게 강한 확신을 심으려 한다면 머릿속에 존재하는 몹쓸 녀석이 승리를 거둘 것이다. 그 녀석은 무언가에 기여하겠다는 약속으로 한껏 치장된 오만한 꿈을 미끼로 당신을 유혹할 것이다. 더 큰 욕망을 제시하고 의지를 시험해 보면서 당신을 계속 의심과 자기혐오의 용광로 사이에서 방황하게 만들 것이다.

그 대신 아주 작은 행동을 하라. 따뜻한 말 한마디를 건네거나 등이나 어깨를 토닥여주거나 미소를 지어주거나, 낯선 사람에게 1달러를 주거나 사랑이 담긴 이메일을 보내거나 쉼터에서 한 시간 동안 자원봉사를 하거나 외로운 친구에게 전화 한 통을 하는 일 등으로 열정의 방향을 돌려보자.

당신의 이성은 그렇게 작은 일을 실천하는 것을 막지는 않을 것이다. 당신이 '그것'이 중요하다고 강하게 주장하지 않았기 때문이다. 당신이 한 일이라고는 단지 그것에 마음을 조금 쓴 것뿐이다. 이성은 작은 마음을 쓰는 일, 즉 겸손하게 배려하고 사랑하는 일을 막지 못한다. 작은 헌신이야말로 유일하게 이성이 결코 건드릴 수 없는 영역에 속해 있다. 겸손한 자세를 유지하면 우리는 이 작고 의미 없는 배려의 순간 안에서 균형을 유지하는 법을 배울 수 있다.

한번 이러한 패턴이 자리를 잡고 나면 작은 기여에서 더 큰 기여로 확장할 수 있다. 다른 사람들이 '커다란 일'이나 '중요한 일' 또는 '가치 있는 일'이라고 부르는 일을 하고 있다는 사실을 당신의 이성이 점점 깨달을 정도까지 성장할 수 있는 것이다. 그리고 나면 당신은 비로소 자신이 꿈꿔왔던 커다란 일을 이룰 수 있다. 그때쯤이면 당신은 이성이 아닌 '배려와 사랑'으로 자신의 행동을 평가하게 될 것이다. ■

Are my dreams of important contributions to the good of others stopping me from taking steps now?

다른 사람을 돕고자 하는 꿈이, 오히려 내가 앞으로 나아가는 것을 막고 있는 건 아닌가?

스티븐 헤이스

네바다대학교 리노 캠퍼스 심리학과 교수이다. 인간 언어 및 인지 분석, 즉 관계 구성틀 이론, 그리고 이를 다양한 심리학적 문제에 이를 응용한 수용 및 헌신 요법의 연구로 유명하다. 미국심리학협회의 회장을 맡았으며 〈타임〉, 〈오프라 매거진〉, 〈살롱닷컴〉 등 다양한 매체에 500여 개의 글을 기고하기도 했다. 베스트셀러인 《마음에서 떠나기 그리고 삶에 익숙해지기 Get Out of Your Mind and Into Your Life》를 비롯, 30여 권의 책을 출간했다.

73

이 장애물을
내가 만들어낸 것이라면?

흥미로운 삶을 살아가기 원하는 사람이라면 누구나 자기 목표를 향해 도전하고 수많은 장애물에 부딪히는 과정을 겪을 것이다. 그럴 때 내가 던지는 질문은 다음과 같다.

앞에 놓인 장애물은 대부분 도전 의식을 북돋우고 훨씬 높은 수준으로 실천하고 성취하며 내면의 만족을 느끼기 위해 스스로 만들어낸 게 아닐까?

이러한 장애물을 둘러싼 상황이 달랐다면 다른 선택을 했을까? 그렇다면 그 장애물이 존재하지 않을 수 있었다고 생각하는가?

이 질문에 대한 '힌트'는 다음과 같다.

이 질문에 대답하기 위해서는 완전히 새로운 시각을 갖추어야 한다. 그리고 태도에 있어서도 중요한 방향 전환을 할 수 있도록 준비해야 한다. 열쇠는 이것이다.

어떤 마음가짐을 가져야 도전에 대응할 수 있을까? 도전이 삶을 발전시키는 좋은 친구라고 여기는 데 중요한 역할을 하는 마음과 태도에는 어떤 게 있을까? ▪

Do you believe that many of the obstacles you
face have, in a sense, been created by you in order to
challenge you and take you into successively higher
orbits of performance, achievement and inner
contentment?

당신이 직면한 장애물이 자신의 도전의식을 북돋우고 훨씬 높은 수준으로 실천하고
성취하며 내면의 만족을 느끼기 위해 스스로 만들어낸 것이라고 생각되지 않는가?

아난드 마힌드라

마힌드라&마힌드라의 회장이자 경영 이사이다. 그의 조부인 K.C. 마힌드라는
고향인 인도 펀자브의 루디아나에서 마힌드라&마힌드라를 설립했다. 하버드대
학교를 거쳐 하버드 경영대학원을 졸업했다. 그는 리더십을 발휘해 마힌드라
그룹의 급속한 성장을 도왔으며 2010년에는 한국의 쌍용자동차를 인수하기도
했다. 2014년 〈포춘〉이 선정한 세계적 리더 50인에 뽑히기도 했다.

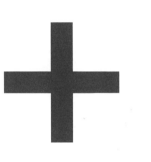

74

스스로에 대해 더 잘 알고 싶다

자기 자신에 대해 더 잘 알 수 있도록 돕는 '자기 인지 장치'가 있다고 상상해보자. 당신은 이 장치를 통해 스스로에게 어떠한 질문이든 할 수 있다. 과연 어떤 질문을 할 것인가?

나는 스스로에 대해 무엇을 알고 싶은가?
나는 과연 어떤 질문을 할까?

나는 이렇게 묻고 싶다.

—내가 화가 나거나 기분이 나쁘거나 슬픈 이유는 무엇인가?(내게
  기쁨과 영감, 그리고 흥분을 주는 것은 무엇인가?)

— 나의 가장 주된 원동력은 무엇인가?

— 나의 사각지대는 무엇인가?

— 나는 다른 사람에게 어떤 영향을 미치고 있는가?

— 내가 삶에서 계속 반복하는 패턴은 무엇인가?

— 타인에 대해 진정으로 어떻게 느끼는가? ▪

What do you want to know about yourself?

What questions would you ask?

자기 자신에 대해 무엇을 알고 싶은가? 스스로에게 어떤 질문을 하겠는가?

만프레드 케츠 드 브리스

인시아드의 리더십 개발 임상교수이다. 인시아드 글로벌 리더십 센터의 설립자이자 인시아드 최고의 경영 세미나인 '리더십 도전 과제' 프로그램의 소장이기도 하다. 또한 '변화를 위한 컨설팅과 코칭'의 과학 부문 책임자이며, 인시아드의 '뛰어난 교수상'을 다섯 차례 수상했다. 베를린의 유럽경영기술학교[ESMT]에서 특별 초빙교수이자 리더십 개발 연구 센터의 소장도 역임했다. 그는 이미 수많은 연구가 이루어진 리더십, 그리고 개인의 변화와 조직의 변화 사이의 역학이라는 주제에 지금까지와는 다른 시각을 제공한 것으로 가장 잘 알려져 있다. 또한 케츠 드 브리스 협회를 설립했는데, 이곳은 리더십 코칭과 조직 혁신에 대한 임상을 바탕으로 CEO와 최고 경영팀에 자문을 제공하는 동반자 관계를 맺고 있다.

75

바버라 켈러먼

돌아보면 무엇이 보이는가

성찰이 발명의 어머니라고 말하는 사람도 있다.

최근에 당신은 의식적으로 깊이 성찰하는 시간을 가진 적이 있는가?
하던 일을 멈추고 따로 시간을 내서 세상과 세상 안의 자기 위치에
대해 깊이 성찰한 게 마지막으로 언제인가?

내가 말하는 성찰은 무의식적인 명상이 아니라 의식적인 사색이다. ■

When is the last time that you deliberately reflected?

당신이 진심으로 심사숙고한 것은 언제가 마지막이었는가?

바버라 켈러먼

하버드대학교 케네디스쿨 교수, 리더십 전문가이다. 예일대학교에서 정치학으로 박사 학위를 받았고, 미국의 포드햄, 터프츠, 조지워싱턴대학교와 스웨덴의 웁살라대학교 등에서 관련 분야의 경력을 쌓았다. 국제리더십협회[ILA]의 설립자 중 하나이다. 미국경영협회에서 주최하는 맥필리상의 리더십 및 경영 분야에서의 공로를 인정받아 '탁월한 기여상'을 받았다. 〈포브스닷컴〉에서 2009년에 선정한 최고의 경영 사상가 50인 중 한 명이며, 〈리더십 엑설런스〉에서 선정한 2008~2009년 최고의 리더 15위에 오르기도 했다. 저서에는 《배드 리더십》, 《리더십의 종말》, 《팔로워십》 등이 있다.

76

뭐 때문에 건강해야 하지?

왜 건강해야 하나?

건강해야 한다는 것에 이의를 제기하는 사람들은 거의 없다. 그러나 우리 중 많은 사람들이 건강에 해로운 행동을 한다. 건강이 그토록 가치 있다면서 왜 그럴까? 당신은 어떤가? 무엇을 위해 건강을 활용하는가? 어떻게 쓰는가? 건강 자체가 인생의 궁극적인 목표인가, 아니면 궁극적인 목표로 가는 데 도움을 주는 것인가?

자신의 건강에 좋은 영향을 주는 일 혹은 나쁜 영향을 주는 일을 생각해보자. 그리고 스스로 질문해보자. 건강에 좋은 일을 해서 인생이 좋아졌는가? 만약 좋아지지 않았다면, 그 일을 하는 이유는 무엇일까?

이런 생각은 우리를 잠시 멈추게 만든다. 이렇게 건강이 필요한지 스스로 생각하기 시작하면, 그 순간부터 건강이 새로운 의미로 다가온다. 내가 말하고 싶은 것은, 건강 자체가 인생의 목표는 아니라는 것이다. 건강은 우리의 인생을 더 나아지게 만들기 위한 여러 목표 중 하나이다. 그런데 우리는 이 사실을 자주 망각한다.

그래서 건강을 위한 행동을 해도 충분히 만족스럽지 않을 때가 있고, 건강하다고 해도 행복을 느끼지 못하는 것이다. 나는 왜 건강해지려고 하나? 그 이유를 생각해보라. 그런 역설적인 질문을 하는 순간부터 진정으로 건강이 가치 있게 여겨질 것이다. 건강은 정확히 무엇을 위해 필요한가? ▪

What is health for?

무엇을 위해 건강해야 하나?

데이비드 카츠

미국 예일대학교 예방연구센터의 센터장이다. 다트머스대학교를 나와 앨버트아인슈타인대학교에서 약학 석사, 예일대학교 공중보건대학에서 공중보건 석사 학위를 받았다. 1998년에 예일대학교에 예방연구센터를 설립했다. 세계적인 의학 칼럼니스트로 〈ABC 뉴스〉, 〈뉴욕 타임스〉, 〈오프라 윈프리 매거진〉 등에서 활동하고 있다. 공중 보건과 의학 교육에 기여한 공로로 많은 상을 받았다. 미국 예방의학 의사 상위권 리스트에 3번이나 올랐으며, 〈어린이 건강 잡지 Children's Health Magazine〉가 선정한 '아이들의 삶에서 가장 영향력 있는 25인' 중 한 명으로 뽑혔다.

77

사람들이 나를
이렇게 말해주면 좋겠어

타인이 나에 대해 어떻게 생각하는지 많이 의식할 필요는 없다. 하지만 스스로의 현재 상태를 객관적으로 보기 위해서 이 질문을 활용하는 것은 아주 유용할 수 있다. 내가 과연 원하는 대로 살고 있는지에 대한 판단이 오로지 주관적인 차원에 머문다면, 우리는 자신의 본모습을 발견하지 못할 수도 있다.

　당신은 저 질문을 하면서 어떤 답을 기대하는가. 자랑스러운 사람으로? 멋있는 사람으로? 정의로운 사람으로? 그들이 그런 답을 할 때, 과연 무엇에 근거해서 말을 하게 될까?

　이 질문에 제대로 접근하기 위해서는 사람들이 언제 당신에 대해 이야기하고 기억하는지, 그들이 당신을 떠올릴 때 어떤 사건을 기억해주기 바라는지를 고민해야 한다.

저 사람이 나를 떠올릴 때 같이 생각하는 그 사건은 당신이 직면했던 도전과 그 도전의 조건을 말해준다. 또한 당신이 어떻게 대응했는지를 말해줄 것이다. 그 사건은 당신이 가장 자랑스러워하는 순간들 중 하나일 것이다.

이 질문의 함의는 우리가 살면서 내린 결정들을 돌아보도록 힘을 실어준다는 데 있다. 결정은 내가 하지만, 그 결정이 나를 만들어간다. 우리가 실생활에서 내린 결정과 그에 따른 행동은 우리가 진정으로 가치 있게 여기는 것이 무엇인지 보여준다. ▪

What story do you hope people will tell about you?

사람들이 당신에 대해 어떻게 말해주길 바라는가?

게리 클라인

인지과학 분야를 연구한 자연주의 의사 결정론의 창시자. 그의 이론은 노벨상 수상자인 대니얼 카너먼^{Daniel Kahneman}과 함께 의사 결정 이론의 양대 산맥으로 꼽히고 있다. 1969년 피츠버그대학교에서 실험심리학으로 박사 학위를 받은 후 오클랜드, 로체스터, 미시간, 윌버포스 등 여러 대학교에서 교수로 근무했다. 1978년부터 자신의 이름을 내건 클라인 연구소를 운영하면서 인간의 실질적 의사 결정 과정에 대한 모델을 연구해왔다. 그는 소방수와 같은 전문가들이 일하는 현장을 연구, 실험실에서 연구한 모델들이 불확실한 상황 속에서의 의사 결정 과정을 적절하게 설명하지 못한다는 점을 발견하기도 했다. 저서에《인튜이션》,《이기는 결정의 제1원칙》등이 있다.

78

러셀 버만

더 좋은 세상을 위해,
오늘 한 일이 있나

밤에 잠들기 전에 스스로에게 물어보라. 오늘 세상을 위해 무슨 일을 했는지 말이다. 당신의 대답은 영웅적이거나 특출난 행동일 필요는 없다. 작은 제스처일 수도 있고 즉흥적으로 나온 발언일 수도 있다. 그 정도면 충분하다. 만약 당신이 어떤 대답도 할 수 없다면 내일은 더 잘하겠노라고 스스로에게 다짐하면 된다.

길게 보면 이런 질문을 매일 밤 해보는 것 자체가 당신을 보다 나은 삶으로 이끈다. 나는 이런 질문을 매일매일 해왔다. 처음 시작할 때는 잠시 숨을 돌리고 하루를 반추해본다. 무슨 일들이 있었는지 살펴본다.

우리가 내일을 향해 달려가듯이, 현대사회는 다가오는 미래에만 초점을 맞추어 시간을 사용하도록 가르친다. 하지만 그런 현실은 오히려 많은 고뇌를 만든다. 그러니 하루의 끝에는 앞으로 다가올 내일에 대한 걱정은 잠시 제쳐두고 오늘 무슨 일들이 있었는지를 돌아보자.

이런 행위는 단순히 무슨 일이 있었는지를 돌아보는 것이 아니다. 이 질문은 '내가 무슨 일을 했는지'를 물어본다. 이 질문은 이미 일어난 사건들에 대해 일정한 책임감을 갖도록 만든다. 물론 이 책임감은 무한한 책임감이 아니다. 나 혼자 그 모든 일들을 만들지는 않았으니 말이다. 그럼에도 나는 하루 동안 행동할 수 있는 많은 기회를 가지고 있었기 때문에 일정한 책임감을 가져야 한다.

그러한 기회가 주어졌을 때 어떤 행동을 했는가? 돌이켜보면 어떤 경우에는 기회를 잘 활용했고 어떤 때는 놓쳐버렸다. 중요한 것은 놓쳐버린 기회를 통해 배우는 것이다. 그리고 아주 작은 것이라도 자신의 성취를 자랑스러워하는 것이다.

많은 이들이 말한다. "매일 오늘이 마지막 날이라고 생각하며 살아가라." 물론 아무도 미래를 모른다. 어떤 날이 그 사람의 마지막 날이 될 수도 있다. 내일 삶이 끝난다고 가정하고 행동하라는 제안은 삶의 치열함을 높인다. 그건 마음의 평화나 조화로운 삶을 위한 방법이 아닐 수 있다. 반대로 사람을 이기심에 빠지게 만들 수도 있다.

만약 오늘이 내 인생의 마지막 날이라면, 내 행동의 결과에 신경 쓰지 않고 나보다 오래 사는 사람들에게 미칠 충격에 대해 무관심해질 것이다. 그게 어쩌면 더 합리적일 수 있다.

따라서 나는 그렇게 질문하지 않는다. 그 대신 내가 오늘 하루 더 좋은 세상을 위해 무엇을 했는지 스스로에게 물어본다. 그 일이 작든 크든 상관없이 매일 말이다. 모든 날들은, 내일이면 사라지고 마는 시간이 아니다. 오히려 세상에 무엇인가 보탬이 되는 일을 할 수 있는 기회이다. ▪

Russell Berman's Question

What did I do today to improve the world?

더 좋은 세상을 위해 오늘 무슨 일을 했지?

러셀 버만

세계적인 인문학자. 하버드대학교에서 문학사 학위를 받고 1979년 워싱턴대학

교에서 박사 학위를 받았다. 1979년부터 스탠퍼드대학교에서 재직하고 있다.

2004년 프랑크푸르트학파와 칼 슈미트에 대한 광범위한 토론을 바탕으로 하는

계간지인 〈텔로스Telos〉의 편집장이 되었다. 현재 미국현대언어협회 회장, 후버연

구소 선임연구원이다.

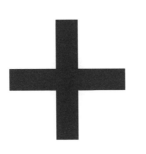

79

샤이 레셰프

사후 세계에 가서도
해보고 싶은 일이 있다면?

나이가 들면 들수록, 매일 밤 잠자리에 들기 전에 죽기 전의 순간을 생각해보게 된다. 당신도 한번 생각해보라. 이 세상의 삶과 이별하는 그 순간이라면, 삶을 거두며 함께 가지고 가고 싶은 것이 무엇인가?

이 질문을 하는 이유는 무엇일까? 나는 이 질문이 당신 삶에 남겨진 것들이 어떻게 이 세상을 보다 더 살기 좋은 곳으로 만들었는지를 깨닫게 해주길 바란다.

나는 20년 넘게 일하면서 온라인 교육의 힘을 배워온 사람이다. 온라인 교육을 통해 사람들이 훌륭한 교육을 받을 수 있게 했고, 그들의 직업을 유지하고 가족과 함께할 수 있게 만들었다. 그럼에도 또 다른 문제를 고민하기 시작했다.

이 지구상 대다수의 사람들에게 온라인 교육은 희망 사항일 뿐이었다. 이 사실은 나를 아주 불편하게 만들었다. 어떤 이들에게는 온라인 교육을 받기 위해 치러야 하는 비용도 매우 컸다. 나는 교육 사업을 하고 있었지만, 그것이 세상을 위해 충분히 기여하지 못하고 있다는 사실에 괴로웠다.

그래서 나는 세계 최초로 전 세계 재능 있는 개인들에게 무료로 운영되는 '인민 대학University of People'을 설립했다. 이 학교는 많은 이들에게 교육의 기회를 활짝 열어주었고, 비영리로 운영되었다. 이 학교에서는 137개국의 1,500명의 학생들이 무료로 공부하고 있다. 온라인이라는 특징으로 인해 활발한 상호작용이 가능하다. 137개국의 학생들이 온라인에서 서로 만나고 의견을 주고받을 수 있다. 물리적이고 지리적인 교실을 뛰어넘는 이해와 관계를 만들어주는 것이다.

매일 밤 잠자리에 들기 전에 나는 이 학교의 소중한 가치에 대해 생각한다. 이 학교는 확장 가능하고 쉽게 만들 수 있는 고등교육의 모델이 되었다. 경제적, 사회적 혹은 지리적인 문제에도 불구하고 모두에게 활짝 열려 있는 것이다. 아마도 이 학교로 인해 나는 죽기 직전에 이렇게 생각할 것이다. '처음 내가 이 땅에 태어났을 때보다 더 좋은 세상을 만드는 데 조금이라도 기여했구나'라고. ▪

Shai Reshef's Question

When you are going to depart this life, what you will
tell yourself that you have left the world with?

삶을 거두며 함께 가지고 가고 싶은 것이 무엇인가?

샤이 레셰프

이스라엘의 경영인이자 교육 사업가. 유럽에서 인터넷을 기반으로 한 교육 사
업에 종사하기도 했던 그는 고등교육의 민주화를 위해 설립한 비영리 무료 온
라인 교육기관인 '인민 대학'을 설립했다. 그의 활동은 TED 강연 등을 통해 전
세계에 널리 알려져 있다.

80

랜돌프 네스

이룰 수 없는 목표를 좇고 있나

우리는 이룰 수 없는 목표를 좇고 있는 게 아닐까?

　이 질문이 중요한 이유는 무엇일까? 사실 인간의 감정은 지금 내가 무엇을 가지고 있느냐와 별 상관이 없다. 오히려 중요한 인생의 목표를 향한 전진을 이루어내는 것과 많은 관련이 있다.

　인류의 진화 과정을 보면, 자연적 선택은 인간이 전진하려는 노력에 실패했을 때 동기가 사라지도록 그 시스템을 만들어왔다. 따라서 사람들은 보다 성취 가능한 목표에 더 많은 에너지를 동원한다. 그럼에도 불구하고 사람들은 종종 도달할 수 없는 목표에 너무 많은 자원을 투자했다는 이유로 함정에 빠진다. 그런 상황에 처하게 되면 다른 대안도 불가능해 보인다. 물론 이런 경우에도 목표를 향한 새로운 길이 열리기도 한다. 혹은 그저 기다리는 것만으로도 성공할 수도 있다. 그러나 어떤 경우에는 실현 불가능한 목표를 진정으로 포기해야만 감정의 구원이 가능하다.

　정작 나는 이 질문을 스스로 받아들이는 데 익숙하지 않아서 애를 먹는다. 간혹 나는 동료 정신의학자들에게 진화생물학에 근거해 연구를 하도록 도와주려고 한다. 그러나 이 연구는 아주 제한적인 성공을 거둔 것에 불과하다. 그럼에도 나는 그런 시도를 자주 한다. 어떤 경우에는 아주 실망스럽기도 하지만 많은 사람들이 보내주는 환대가 나를 전진하게 만든다. 하지만 그런 경우에도 분명한 건 있다. 그 환대가 아무리 동기를 부여해준다고 해도, 일 자체의 실패와 성공은 대부분 관계의 문제이거나, 재정적인 문제, 연구 자원의 문제에 달려 있다. 그럴 때마다 나는 다시 느낀다. 인생의 많은 목표들은 단순히 욕망으로만 해결될 수 없다는 것을. ▪

Are you pursuing any unreachable goals?

이룰 수 없는 목표를 좇고 있나?

랜돌프 네스

미국의 의사이자 진화생물학자. 진화심리학과 진화약학에 관한 연구로 주목을
받고 있다. 감정의 진화적 근원과 자연적 선택이 감정 형성에 어떤 영향을 미치
는지에 관한 연구의 권위자이다. 미시간주립대학교 앤아버 캠퍼스의 심리학과
교수이자 미시간 의학대학원 정신의학과 교수로 '진화와 적응 프로그램'의 책임
을 맡고 있다. 저서에는 공저인 《왜 우리는 병드는가Why We Get Sick》 등이 있다.

81

폴 잭

오늘 누구에게 봉사했는가

많은 연구들이 타인을 도울 때 우리의 삶이 행복해지고 건강이 나아진 다는 결과를 보여준다. 다른 사람을 도울 때 가장 이기적인 결과가 나 온다는 사실이 놀랍지 않은가? 그러면 우리는 어떻게 그런 변화를 겪 을 수 있을까? 대부분 소소한 일이지만 우리는 매일 타인을 위해 일할 수 있는 기회를 갖고 있다. 동료에게 일로 도움을 줄 수 있고 나이 많 은 이웃을 위해 쓰레기를 치워줄 수 있다. 또한 아이들이 팬케이크를 만드는 데 도움을 줄 수도 있다.

먼저 '봉사'나 '도움'이라는 단어를 가능한 한 많이 사용해보자. 바 로바로 어디에나 사용하면 된다. 나는 늘 회의 말미에 이렇게 말한다. "저는 여러분에게 봉사하기 위해 여기에 왔습니다." 물론 내가 돈을 받거나 받지 않거나 모두에 해당하는 말이다. '봉사'의 핵심은 내가 상대를 신경써서 돌보고 있다는 점이다. 이 생각은 혁신적이다. 나는 연구를 통해 이를 확인했다. 만약 당신이 누군가에게 도움을 주고 봉사하면, 그들도 당신을 따라하고 다른 사람에게 봉사하는 선순환이 시작된다.

오늘 나는 누구에게 봉사했는가? 이 질문은 당신의 삶을 풍요롭게 만들 뿐 아니라 세상을 발전시킨다. ■

Who did you serve today?

오늘 당신은 누구에게 봉사했는가?

폴 잭

미국의 신경경제학자. 로마 린다대학교 병원의 신경의학과 교수로 일하고 있다. 샌디에이고주립대학교에서 수학과 경제학을 전공했고 펜실베이니아주립대학교에서 경제학 박사를, 하버드대학교에서 신경 이미지 트레이닝으로 박사 후 과정을 마쳤다. 그는 '신경경제학'이라는 말을 처음으로 공식화한 것으로 유명하다. 신경과학과 경제학을 결합시킨 새로운 분야의 선구자로, 클레어몬트대학교에서 세계 최초로 신경경제학 박사 과정을 만들어 책임지고 있다. 그의 연구진은 2004년, 우리가 누구를 신뢰할지 결정하게 만들어주는 오래된 신경화학 물질인 '옥시토신'을 발견했다. 이 연구는 현대 문명과 경제의 관계, 협상 기술의 개발, 신경질환과 정신질환 환자 치료의 기반이 되고 있다. 저서에는 《도덕적 분자 The Moral Molecule》 등이 있다.

82

나는 사라져도 내가 한 일은
남을 수 있다

인생의 의미는 무엇인가? 이것은 삶에 대한 가장 근원적인 질문이다. 사람들은 '의미에 대한 탐구' 또는 '의미의 발견'을 말하거나 '의미의 결여'가 주는 불행을 떠들어댄다.

그러나 이 모든 것들은 이해가 부족한 결과이다. 어떤 일이나 사물의 의미는 그것을 둘러싼 모든 것에 미치는 영향을 말한다. 즉 삶의 의미란 삶을 둘러싸고 있는 모든 것에 나의 삶이 끼친 영향을 말하는 것이다.

내 삶이 엄청난 영향을 주는가? 그 영향이 크든 작든, 중요한 것은 자신의 선택과 노력에 따라 우리는 누군가에게, 세상에게 영향을 줄 수 있고, 그 크기도 조절할 수 있다.

그러면 어떻게 영향을 줄 수 있을까? 첫 번째 단계는 내 삶이 어떤 의미를 갖기를 원하는지 스스로 아는 것이다. 나라는 사람이 이 세상에 태어나 존재하는 동안, 이 세상이 어떻게 달라지기를 바라는가?

물론 이 질문에 대한 명확한 답은 없다. 게다가 이 질문에 대한 답은 당신 삶의 순간마다 다를 것이고, 기준마다 다를 것이다. 그렇다면 그 기준들은 무엇일까? 아마 다음과 같을 것이다.

가족 / 공동체 / 직업 / 내가 책임지고 있는 그 무엇
고객 / 업종 혹은 산업 / 국가 / 미래 세대

이제 각각에 대해 스스로 질문해보자. 지금 나의 삶은 여기에 관련된 사람들에게 어떤 영향을 주고 있나? 내가 현재 영향을 주는 것과, 내가 영향을 주고 싶었던 것의 차이가 느껴지는가. 바로 그 차이가 살면서 당신이 극복해야 할 것들이다.

중요한 점은 우리의 삶이 유한하다는 것이다. 우리는 살면서 수많은 일출을 보고, 많은 생각을 하고, 많은 감각을 느끼고, 기쁨과 즐거움을 경험한다. 그러나 이런 즐거움과 기쁨은 인생이 끝남과 동시에 모두 사라진다.

그러나 당신의 삶이 당신보다 훨씬 오래갈 수도 있다. 당신을 연못에 던져진 돌에 비유한다면, 당신의 물리적인 삶은 돌이 수면을 지나

가는 그 순간이라고 할 수 있다. 그리고 돌이 떨어진 지점에서 번져나가는 파동은 삶의 의미이다. 그 연못에 번지는 파동과도 같이, 삶의 의미는 물리적인 삶보다 더 크고 더 오래갈 수 있다.

당신이 사라진 뒤에도, 돌이 연못의 바닥에 떨어진 뒤에도 이 파동은 계속 살아서 밖으로 퍼진다. 그러면서 사람들의 마음을 움직이고 심장을 뛰게 만든다. 당신이 선택한 올바른 일(그것이 아이를 키우는 일이든, 긍정적인 실천을 만드는 것이든, 새로운 혁신으로 좋은 아이디어를 널리 전파하는 일이든, 혹은 위기의 순간에 누군가를 돕는 것이든)은 이 세상에 수년 혹은 수십 년에 걸쳐 영향을 미칠 수도 있고, 몇 세대에 걸쳐 어떤 이익을 남길 수도 있다.

이제 스스로에게 물어보자. 당신은 어떻게 이 세상에 영향을 남기고 싶어 하는가? 이것이 바로 지금 당신 삶의 의미이자, 다가올 세대에 남길 당신 삶의 의미이다. ■

What do you want your life to mean?

당신의 인생에 어떤 의미가 있기를 바라는가?

라메즈 남

세계적인 IT 전문가. 이집트계 미국인으로 세계에서 가장 널리 쓰이는 두 가지 소프트웨어인 마이크로소프트 인터넷 익스플로러와 아웃룩을 개발하는 데 참여했다. 컴퓨터나 IT뿐 아니라 생명공학과 나노 기술에도 조예가 깊다. 미국의 비영리 미래 연구 기관인 세계미래학회와 변화추진위원회 등 첨단 과학기술과 인간의 미래를 연결 짓는 각종 연구 단체에서 다양한 활동을 펼치고 있다. 트랜스휴머니즘에 대한 기여를 인정받아 2005년 세계트랜스휴머니스트협회에서 수여하는 H.G. 웰스상을 받았다. 저서에는 《인간의 미래》 등이 있으며, 2012년에는 SF 소설인 《넥서스 Nexus》를 출간하기도 했다. 이메일과 웹 브라우징, 검색 그리고 인공지능 분야에서 20개가 넘는 특허를 보유하고 있다.

83

가장 깊은 곳에 숨어 있는
판타지는 뭔가

당신이 이 세상에서 실현해보고 싶은 가장 깊은 판타지는 무엇인가? 이 판타지를 가능하게 하는 것은? 혹은 이 판타지를 가져다주는 것은 무엇인가? 이러한 경험의 단초가 될 수 있는 것은 무엇인가? 지금 당신이 할 수 있는 일은 무엇인가?

스스로에 대한 수많은 질문과 답변이 내 인생을 바꾸었고 지난 30년에 걸쳐 내 인생의 촉매 역할을 했다. 어렸을 때 나는 미국 대통령이 되겠다는 판타지를 갖고 있었다. 9살이던 나에게 에이브러햄 링컨은 그야말로 영웅이었다. 그리고 30대에 이 판타지가 다시 마음속으로 들어왔다.

그렇다고 내가 정치계에 뛰어들었을 리가 없다. 그 대신 나는 이 판타지를 만들어낸 욕망이 무엇인지를 이해하게 되었다. 나는 다른 사람들의 주목을 받고 싶으며, 모두의 삶을 나아지게 하는 일들을 공유하고 싶은 욕망이 있었던 것이다.

그걸 깨달았을 때, 나는 그 판타지를 실현할 수 있는 일을 시작했다. 그렇게 컨설턴트의 일을 시작했고, 거기에 필요한 기술을 습득하는 것이 나에게 가장 시급한 일임을 깨달았다. 그 뒤로 컨설턴트로서 내 삶의 방향을 잃어본 적이 없다.

우리는 어린 시절 누구나 판타지를 가졌던 경험이 있다. 어른이 되어 판타지가 현실이 될 수 없다는 것을 너무나 잘 알고 있을 때도, 그것은 불쑥불쑥 현실에 끼어든다. 어떤 때는 너무나도 강렬하게 되살아나기도 한다.

꼭 뭔가 멋진 영웅이 되는 것만은 아니다. 내가 하고 있는 일에서도 판타지를 가질 수 있다. 지금은 불가능해 보이는 어떤 일을 해낸다는 판타지가 생겨날 때도 있다. 그 판타지를 현실로 만드는 것도 좋겠지만, 판타지를 만들어내는 마음 깊은 곳의 욕망이 무엇인지 생각해보라. 그것은 분명 삶의 엄청난 에너지가 된다.

그런 에너지를 느끼지 못한다면, 한번 질문해보라. 내가 가진 판타지는 무엇인가. ■

What is your deepest fantasy of what you'd like to be doing in this world?

이 세상에서 당신이 이루고 싶은, 가장 깊은 판타지는 무엇인가?

데이비드 알렌

세계에서 가장 영향력 있는 경영 컨설턴트. 지난 20년간 오라클, 월드뱅크 등 세계 굴지의 기업에서 직원 능력 개발 및 기업 관리자 대상 교육 등의 활동을 해 왔다. 데이비드 알렌 컴퍼니의 대표이며, 웹진 〈생산성 원리〉를 발행하고 있다. 저서에는 《끝도 없는 일 깔끔하게 해치우기》 등이 있다.

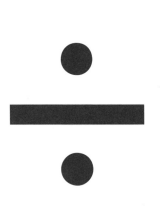

84

캐서린 프리즈

사회적 공헌을 한
경험이 있는가

사회적으로 도움이 되는 일을 한 적이 있나? 업무 중에 이런 일을 했는가? 여가 시간에? 개인적인 차원에서?

노숙자에게 음식을 제공하는 음식 배급소에서 봉사하는 종류의 일을 말하는 것은 아니다. 물론 이런 일들이 가치가 있다는 것은 누구나 알고 있다. 그러나 나는 지금 우리가 하는 모든 일에서 놀라운 답을 찾아내는 일에 관해 말하려 한다.

나는 천체물리학자이다. 나는 이 분야에서 이루어지고 있는 여러 실험의 결과들을 주목하고 있고, 기다리면서 이런 생각을 한다. 이것이 사회에 기여하는 최고의 가치는 무엇일까? 우선 자연에 관한 지식을 늘리는 것이 하나의 가치 있는 이유가 될 것이다. 그러나 그것만이 아니다. 나는 사회적 파문에 관해 묻고 있다.

지금은 누구나 사용하는 월드와이드웹^{WWW}도 그런 종류의 것이다. 유럽 원자핵 공동연구소 세른에서 일하는 컴퓨터 과학자 팀 버너스리는 물리학자들이 온라인으로 정보에 접근할 수 있도록 데이터를 컴퓨터 웹에 올리자는 아이디어를 갖고 있었다. 그리고 1990년에 그는 월드와이드웹을 만들었다. 즉, 세계 최초의 웹사이트는 세른의 연구 내용을 소개하는 일에서 시작된 것이다. 이제 그의 공헌은 1450년대에 구텐베르크가 최초의 근대식 인쇄기를 만들어낸 것과 비슷한 사회적 공헌의 가치를 갖고 있다. 누구나 자신이 일하고 있는 분야에서 그런 혁신을 만들어낼 수 있다.

꼭 새로운 기술만이 사회적 공헌을 하는 것은 아니다. 당신의 존재 자체가 사회적 가능성을 열어줄 수도 있다. 나는 프린스턴대학교에서 물리학을 전공하는 두 번째 여학생이었으며, 미시간대학교 물리학과에 임용된 최초의 여성 교수였다. 나는 결코 개척자가 되길 원하지 않았지만 결국 개척자의 길을 걸어야만 했다.

이처럼 사회적 공헌이란, 어떤 측면에서는 타인과의 관계에서 나를 차별화는 일이기도 하다. 내 삶의 차별화를 어느 정도 이루면 많은 가능성들이 열린다. 이 사실은 우리의 삶에 큰 놀라움을 안겨줄 수도 있다. ▪

What are you doing in your life that benefits society?

사회적으로 공헌하기 위해 어떤 일을 하고 있는가?

캐서린 프리즈

미국의 천체물리학자. 미시간대학교 물리학과 교수이자 미시간 이론물리학 센터의 부책임자이다. 분자물리학과 천체물리학을 결합한 이론우주학 연구로 유명하다.

85

왜 중요한 일부터 해야 하지?

중요한 일부터 먼저 하라는 이야기를 많이 들었을 것이다. 그런데 왜 당신은 중요한 일을 먼저 끝내야 하는가? 왜냐고? 언제 커다란 나무가 쓰러져 당신 집을 덮칠지 모르기 때문이다.

　나는 오랫동안 선생으로 일했다. 나는 학생들이 급하게 써낸 과제와 공들여 쓴 과제를 순식간에 구별할 수 있다. 내가 학생들에게 건네는 충고는 중요한 과제는 일찍 시작하고 마감일 며칠 전에 끝내라는 것이다. 이 말대로 해본 학생들은 이 방법이 매우 효과적이라는 사실을 알게 된다. 중요한 일을 일찍 시작하는 것은 모두에게 좋은 전략이다. 단순히 대학생에게만 효과가 있는 전략이 아니다.

　하나의 과제를 끝마치는 데 걸리는 시간을 계산해보자. 사람들은 자신이 그 시간을 계산할 때는, 모든 상황이 이상적인 조건에 있다고 가정한다. 그러나 현실은? 물론 전혀 다르다. 이상적인 조건은 사실 거의 불가능하다.

이런 상황을 생각해보자. 만약 당신이 그다지 하고 싶지 않지만 조만간 끝내야만 하는 지겨운 잡일이 있다. 그럴 때 나는 이 일을 마쳐야 보다 즐겁고 보상이 있거나 재미있는 일로 옮겨갈 수 있다는 사실을 끊임없이 상기시킨다. 그러면 엄청난 동기 부여가 된다. 재미없고 지겨운 일을 할 때마다 내가 쓰는 방법이다.

다른 방법도 있는데 왜 이 방법을 쓰는지 물어볼 수도 있다. 말하자면 처음에 재미있고 신나는 일을 하고, 그다음에 지겨운 일을 하면 되지 않느냐고 말이다. 그 방법은 당신에게 얼마나 효과적이었는가? 이 일이 끝나면 지겨운 일을 해야만 한다는 생각에 사로잡혀 시간만 허비한 경우가 종종 있지 않았는가? 그렇다면 당신은 보다 흥미롭고 중요한 일에 접근도 못 하면서 지겨운 잡일을 피하는 꼴이 되는 것이다.

중요한 일을 먼저 하라는 말은, 일을 빨리 시작하라는 말과 같기도 하다. 당연한 말이지만 일을 빨리 시작하는 것은 계획과 관련이 있다. 만약 언제 시작할지에 대한 계획만 있다면 말이다. 나는 책상에 두 개의 '할 일 목록'이 있다. 둘 중 하나는 오늘 할 일에 관한 목록이다. 나는 하루 전에 이 목록을 작성하고 예상치 못했던 일이 발생하면 수정한다. 다른 하나는 조만간 해야 하는 일들의 목록이다. 두 번째 목록에 들어 있는 일들은 시간이 지나면서 '일일 목록'으로 옮겨간다.

물론 내가 철학 교수이기 때문에, 내면을 향한 심오하고 깊은 질문을 던지지 않을까 하고 기대했을 수도 있다. 그러나 깊고 심오한 문제를 키워나갈 수 있게 하는 것은, 훌륭한 계획이다. ▪

Alfred Remen Mele's Question

Why should you finish important tasks early?

왜 중요한 일을 먼저 끝내야 하는가?

알프레드 멜레

미국의 철학자. 2000년부터 플로리다주립대학교 철학과 교수로 재직하고 있다.

비이성, 의지박약, 고의성에 대한 연구를 하고 있으며, 행동철학으로 유명하다.

웨인주립대학교에서 공부했으며, 미시간주립대학교에서 박사 학위를 받았다.

86

내일이 없다면 오늘은 뭘 하지?

우리는 모두 유한한 생명체이다. 그런데 언젠가 죽는다는 사실을 잊고 있다. 그 누구도 언제 죽을지 모른다. 우리는 시간이 무한하다고 생각하지만 그렇지 않다. 그렇다면 이제 당신의 시간을 어떻게 사용하길 원하는가? 정말 다른 중요한 일이 있는가? 시간은 본질적인 문제가 아닌가?

명확한 것은 우리가 반드시 해야 할 일이 있다는 점이다. 일을 하고 식량을 구하고 청소를 하는 등의 일들 말이다. 우리는 종종 이런 일들로만 우리의 삶을 채우고 있다. 그리고 하고 싶은 일을 하지 않는 현실에 대한 변명으로 종종 이렇게 외친다. "오, 나는 너무 바빠!" 우리에게 즐거움을 주는 일을 추구하지 않고 "나는 그 일을 애들이 크면 할 거야. 아니면 돈이 많이 생겼을 때. 은퇴하고 나면 하지"라고 말한다. 하지만 그 시간이 실제로 올 것이라고 어떻게 보장할 수 있나?

맞다. 우리는 언제나 시간이 없다. 그래서 나는 따분한 일들 속에서 즐거움을 찾는 방법을 배웠다. 운전을 하거나 아침 요리를 하거나, 잠자리를 준비할 때도 즐거움을 찾는다. 당신도 이런 일들 속에 숨어 있는, 좋아하는 그 무엇을 찾아야 한다.

이렇게 할 수 있는 방법은 주의를 기울이는 것이다. 이런 일을 할 때는 '다음에 할 일'을 생각해서는 안 된다. 단순히 보고 듣지 말고, 냄새를 맡고 만져보고 상상의 나래를 펼쳐보자. 육감을 다 활용하는 것이다.

주의를 집중하지 않으면 당신은 '다음에 할 일'을 생각하게 된다. 이러면 당신은 '현재'를 놓치게 된다. 마음이 너무 바빠 무슨 생각을 하고 싶어 하는지조차 생각할 수 없을 지경에 놓이게 된다. 결국 당신은 너무 바빠서 그 일만 하기에도 벅찬 상황이라고 스스로에게 확신을 심어주게 된다.

나는 스스로에게 이렇게 질문한다.
"만약 내일 죽는다면 오늘 무엇을 해야 하는가?"

나는 노트에 나를 자극하는 문구를 써두었다.
"너는 절대 모른다."

"아직 빛이 있을 때 그림자를 만들어라."

"예술은 작품을 끝내는 것이 아니라 작품을 끝내는 과정이다."

"고통의 근원은 피한다."

이렇게 스스로에게 질문도 하고 자극이 되는 격언과 인용구도 활용한다. 그 결과 오늘 내가 특별한 일을 하지 않았다고 해도 나는 오늘은 즐긴다. 이게 바로 당신 인생의 마지막 날에 하고 싶은 일이 아닌가? 지금을 즐기는 것! 그러니 집중해라. ▪

If you were going to die tomorrow,

what would you do today?

만약 내일 죽는다면 오늘 무엇을 할 것인가?

다니엘 윌해리스

컴퓨터, 웹 그래픽 분야의 선두적인 디자이너. 출판 디자인, 타이포그래피 전문

가로 수많은 기업과 미디어와 함께 작업했다. 또한 상품 디자인 영역으로도 활

동을 확장하여, 뉴욕현대미술관과도 작업을 진행했다. 세계적인 디자인 잡지의

주요 필자로도 활동하고 있다.

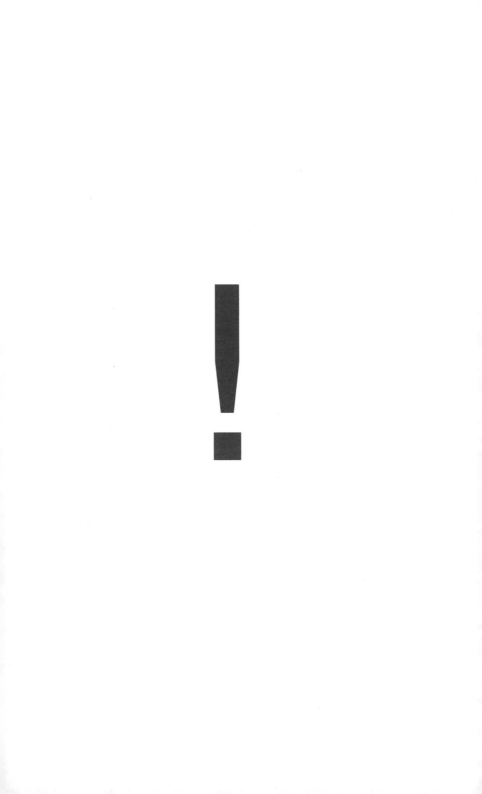

87

비카스 스와루프

이 거래의 조건을 전부 알고 있나

"옛날에 키가 커지기를 간절히 원하는 사람이 있었다. 그는 신에게 20년 동안 기도했고 마침내 신은 그의 소원을 들어주기로 했다. 그러나 조건이 있었다. 신은 키가 1인치 늘어날 때마다 수명을 5년씩 단축하겠다고 말했다. 그 사람은 동의했다. 신은 그의 키를 3인치 늘려주었지만 그는 그 자리에서 죽었다."

나의 새 소설인 《사장님 되어보기 The Accidental Apprentice》에 등장하는 이 작은 일화는 인간이 눈앞의 만족감에 얼마나 약한 존재인지를 보여준다.

우리는 부와 몸매, 명성을 별다른 노력도 없이 얻을 수 있다고 떠드는 잡지 기사, 온갖 정보, 광고 등에 얼마나 자주 유혹되었는가? 10킬로그램의 살을 단 열흘 만에 뺄 수 있다고 말하는 광고, 환상적인 직업에 대한 광고가 우리의 메일함을 채우고 있다. 수수료가 무료라는 신용카드와 집에 앉아서 엄청난 액수의 수입을 올릴 수 있다는 광고는 어떤가? 결국 우리는 이것들이 너절한 마케팅이고 말만 번지르르한 사기극임을 깨닫게 된다. 특히 인터넷에서 '무료'라는 말은 언제나 대가를 요구한다. 앞의 이야기에서 나오는 교훈은 명확하다. 모든 사실을 모른 채 절대 거래에 들어가지 말라는 것이다.

"속이기 좋은 사람은 매분마다 태어난다"라는 문구는 19세기 말 서커스로 엄청난 성공을 거두었던 바넘이 한 말로 알려져 있다. 정보가 산소처럼 자유롭게 흐르고 수많은 사실과 숫자가 우리의 손가락에 달려 있는 오늘날의 디지털 시대에는 무지가 축복이 아닐 뿐더러 피할 수 없는 약점이 된다.

따라서 하루에도 수없이 마주하게 되는 온갖 거래에 들어가기 전에 스스로에게 이렇게 질문해라. 나는 이 거래에 관한 모든 사항을 알고 있는가? 일의 모든 면을 고려했는가? 계약의 모든 조항과 조건을 읽고 이해했는가? 가장 중요한 것은 세부 조항을 읽었느냐 하는 점이다.

물론 우리는 살아가면서 신뢰와 행운에 의해 이루어지는 일도 있다는 사실을 받아들여야 한다. 그러나 최대한 맹목적으로 세상을 살지 않기 위해 노력해야 한다. 무료 이메일 계정을 만들거나 새로운 다이어트를 시작하거나 집을 살 때나, 우리는 최선을 다해 검증해야 한다. 어쩔 수 없지 않은가. 신뢰도 좋지만 주어진 조건을 검증하는 것이 항상 더 나은 결과를 가져다준다는 사실을 기억하자. 그리고 대충 넘어가려는 자신에게 물어라. 정말 모든 것을 다 알고 하는 거니? ▪

Do I know everything that I could have known
about this deal?

나는 이 거래에 관한 모든 사항을 알고 있는가?

비카스 스와루프

소설가. 데뷔작 《슬럼독 밀리어네어》로 전 세계 독자와 언론의 찬사를 받았다.
1963년 인도 알라하바드의 법률가 집안에서 태어났다. 알라하바드대학교에서
역사, 심리학, 철학을 공부하고 졸업 후 1986년부터 인도 외무부의 외교관으로
터키, 미국, 에티오피아, 영국 등지에서 근무했다. 직장에 다니며 두 달 만에 집
필했다는 《슬럼독 밀리어네어》는 2005년 발표된 후 32개 언어로 번역되었으며,
2007년 프랑스 전역 400여 개 서점에서 행해진 투표를 통해 파리 도서전 독자
상 수상작으로 선정되었다. 2006년 남아프리카 부커상, 2005년 올해의 베스트
오디오북 및 벤저민 프랭클린상을 수상했다.

88

존 앨런 파울로스

천 년이 흘러도
그 문제 때문에 고민할 거니?

어떤 일이든 문제는 있다. 그런데 자세히 한번 들여다보라. 그 문제가 내가 살아 있을 때 벌어지지 않는 경우도 있을 것이다. 그리고 심지어 천 년이나 지난 이후에나 문제가 발생할 만한 일들도 꽤 있다. 천 년 이후의 문제는 당연히 고민할 필요가 없지 않은가. 지금 문제가 되는 것만 문제이다. 그렇지 않은가.

나는 한때 새로운 프로젝트를 시작하는 데 어려움을 겪곤 했다. 내 마음속에서는 새로운 프로젝트가 그리 오래가지도 못할 것 같고, 몇 년이 지나면 별로 효과도 없을 것 같고, 크게 새로워 보이지 않을 것 같고, 곧 평범한 일이 될 것 같았다.

그런데 시간이 지나면서 깨달았다. 그 몇 년의 '몇'에 해당하는 숫자는 사실 큰 의미가 없다는 것이다. 그건 1년이든 10년이든 100년이든 10,000년이든, 사실 거의 비슷했다. 이 자각으로 인해 나는 큰일도 겁 없이 뛰어들 수 있게 되었지만, 반대로 작은 일, 아주 사소한 프로젝트 도 쉽게 시작할 수 있게 되었다. 뭔가를 하고 싶어 한다는 것만으로도 그 일을 하기에 충분한 이유가 된다. ▪

Do you refrain from undertaking projects because you think they won't matter in 1,000 years?

어떤 프로젝트가 천 년 이후에는 중요한 일이 아닐 거라는 이유로 맡지 않으려 하는가?

존 앨런 파울로스

대중 과학자. 미국 템플대학교 수학과 교수로 재직하고 있다. 〈뉴욕 타임스〉, 〈월 스트리트 저널〉, 〈이코노미스트〉, 〈비즈니스 위크〉, 〈ABC 뉴스〉 등 유력 언론에 칼럼을 쓰고 있다. 스미소니언, 골드만삭스, 나사, 국립과학아카데미, AT&T 등 다양한 곳에서 명쾌하고 유머러스한 강연을 하는 것으로도 유명하다. 2003년 미국과학진흥협회에서 과학 대중화의 공로를 인정해 상을 수여했다. 저서에 랜덤하우스 도서관이 선정한 100대 논픽션에 오른 《수학자의 신문 읽기 A Mathematician Reads the Newspaper》를 비롯하여 《수학자, 증권시장에 가다》, 《수학 그리고 유머》 등이 있다.

89

지금 이 순간을 죽고 난 다음에도 기억하고 싶을까

만약 당신이 죽음 이후의 삶을 위한 '영원한 의식의 재생 목록'을 만들 수 있다고 상상해보자.

죽은 다음에 새롭게 경험할 수 있는 일은 아마 없을 것이다. 왜? 당 신은 이미 죽었으므로. 그러나 살아 있을 때 겪었던 경험과 느낌을 되 살려보는 것이 가능하다면, 당신은 삶에서 어떤 순간과 시간들을 선택 하겠는가? 또한 얼마나 많은 순간들이 이 리스트에 포함되겠는가?

당신의 휴대전화기에 진동 알람을 설정해두고, 하루에 무작위로 5~10회 정도 울리게 만들어보자. 그렇게 휴대전화기가 진동할 때마 다 스스로에게 이 질문을 해보라. 지금 내가 겪고 있는 순간은 그 '영 원한 의식의 목록'에 들어갈 만한가? ▪

Imagine that you can create an 'eternal consciousness playlist' for life after death.

지금 이 순간을 죽고 난 다음에도 기억하고 싶을까?

토마스 메칭거

독일의 철학자. 요하네스구텐베르크대학교 철학과 교수이다. 메칭거의 연구는 마음과 몸의 관계, 의식, 신경생물학의 근본적 문제들을 다루고 있다. 1990년 초반부터 의식 고양에 관한 연구로 활발하게 시작해 의식과학연구학회[ASSC]를 공동으로 설립했으며, 2008년까지 협회의 이사회에서 활동했다. 현재 조르다노 부르노 재단 자문위원회 위원이며, 프랑크푸르트 고등연구기구의 비상근 회원으로 활동하고 있다. 저서에는 《의식의 경험[Conscious Experience]》, 《의식과 신경의 상관관계[Neural Correlates of Consciousness]》 등이 있다.

90

얼굴을 그려보라. 누구인가

품질 좋은 색연필 한 박스를 사라. 하얀 종이도 함께 사길 권한다. 당신이 어린이라고 가정해보자. 한 달 동안 매일 아침에 일어나자마자 하얀 종이 한 장에 사람 얼굴을 그려보자. 한 달이라는 시간이 지나면 당신은 많은 사람의 얼굴을 그린 그림을 갖게 될 것이다.

그리고 스스로에게 물어보자. 나는 왜 이 사람들을 그렸을까? 상상력을 충분히 동원했는가? 다른 사람들이 그려져 있는가? 아니면 내 자화상인가?

이 훈련은 창의력을 키우고 나 자신에 관한 지식을 쌓아가는 데 매우 효과적이다. ▪

Why did I draw them?

왜 이 사람들을 그렸는가?

알레산드로 멘디니

세계 건축디자인계의 3대 거장 중 한 명이다. 1931년 이탈리아 밀라노에서 태어나 1959년에 밀라노 폴리테크니코대학교 건축학부를 졸업했다. 1970년부터 건축 전문 잡지 〈카사벨라〉, 〈모도〉, 〈도무스〉의 편집장을 역임했으며, 1989년 밀라노에서 동생 프란체스코 멘디니와 함께 '아틀리에 멘디니'를 열었다. 이후 여러 프로젝트를 맡아 활발한 활동을 하고 있으며, 지금까지 까르띠에·에르메스·스와로브스키·알레시·비사자·스와치 등 세계적 기업과 함께 일하고 있다. 1979년과 1982년에 황금콤파스상을 수상했으며, 나폴리 지하철역 디자인, 베로나의 비블로스 아트 호텔 디자인으로 수많은 상을 수상했다.

최고의 석학들은 어떤 질문을 할까

초판 1쇄 발행 2014년 7월 4일
초판 15쇄 발행 2022년 10월 11일

지은이 미하이 칙센트미하이, 필립 코틀러, 귄터 슈미트 외 **엮은이** 허병민

발행인 이재진 **단행본사업본부장** 신동해
편집장 조한나 **디자인** 이승욱
마케팅 최혜진, 최지은 **홍보** 최새롬, 반여진, 정지연
국제업무 김은정 **제작** 정석훈

브랜드 웅진지식하우스
주소 경기도 파주시 회동길 20
문의전화 031-956-7210(편집) 031-956-7127(마케팅)
홈페이지 www.wjbooks.co.kr
페이스북 www.facebook.com/wjbook
포스트 post.naver.com/wj_booking

발행처 ㈜웅진씽크빅
출판신고 1980년 3월 29일 제406-2007-000046호